プロブレムQ&A

「障害者」と街で出会ったら

増補改訂版

[通りすがりの介助術]

■

もりすぐる・著

緑風出版

プロブレムQ&A

目次

プロブレムQ&A

Ⅰ 「障害者」と出会う

Q1 街のあちこちに体の不自由な人のための設備が整備されていますね　14
各地で体の不自由な人のための施設が整備、改善されています。そういうのを見ると、自分も何かお手伝いをしなくちゃいけないんじゃないかと思います。

Q2 「障害」について、国際的なきまりがあるそうですね　16
「障害」についてのきまりを、世界保健機関（WHO）が定めているそうですが、どのようなものですか。また、なぜ定められたのですか。

Q3 「障害者」とは、どのような人のことをいうのですか　21
「障害者」とは、どのようなひとのことで、どんなきまりがありますか。また、そのきまりにはどのような働きがあるのでしょうか。

Q4 障害をもつ人が不便さを感じるのはどのような時ですか　25
「障害」をもつ人と出会うと、多くの場合「いろいろと大変だろうな」というように思います。それは「障害があるから仕方がない」ことなのでしょうか。

Q5 街で「障害」をもつ人を見かけても、どうしていいかわかりません　28
車椅子を利用している人を見かけても、自分は何も知らないので、ただ「大変だろうな」と思うだけなのです。介助には、何か特別な知識が必要なのですか。

Q6 先日勇気を出して声をかけたのに「結構です」と言われてしまいました　31
目が不自由な人に勇気を出して声をかけたのに、何も答えてくれなくて、少しショックでした。もう声をかけるのはやめようかって思ってます。

Ⅱ 「車椅子を利用している人」と出会う

Q7 街で時折、車椅子を利用している人を見かけるようになりましたね　38
最近、車椅子を利用している人のことを念頭に置いて施設の改善が進んでいるせいか、車椅子を利用している人をよく見かけるようになりましたね。

Q8 車椅子を利用しているのはどんな人ですか
街で車椅子を利用している人を見かけますが、いろいろな人がいるように思います。車椅子を利用している人といってもひとくくりにはできないんですね。
—— 40

Q9 車椅子を利用している人にとって、現在の街はどこが不便ですか
街で車椅子を利用している人をよく見かけますが、今の街は車椅子を利用するには「障害物」だらけだとよく聞きます。どんなところがいけないのでしょうか。
—— 44

Q10 車椅子を利用している人と歩道を歩くときにはどうすればいいのですか
車椅子で「一人歩き」をしている人と街で出会いました。介助をしようかと思うのですが、一緒に歩道を歩くときに知っていたほうが良いことは何かありますか。
—— 46

Q11 駅の階段で車椅子を利用している人が立ち止まっていましたが
駅の階段の前で、車椅子を利用している人と介助の人が立ち止まっていました。介助の人一人の手に負えないことはわかるのですが、手伝えることはありますか。
—— 49

Q12 電車に乗るときにお手伝いしたいのですが
電車に乗るときには、ホームと電車の間に隙間があったり段差があったりするので手伝ったほうがいいように思うのですが、何をすればいいのでしょう。
—— 52

Q13 平坦な道などでも危ないことがあると聞いたのですが
一見平坦に見える歩道や電車のホームも、微妙な傾斜があったり、ほんの少し段差があるそうです。車椅子を利用している人にとって危険だと思いますが。
—— 56

Q14 車椅子を利用している人にとって踏切は安全ですか
踏切を車椅子で渡っている人がいました。自分が自転車や自動車で渡るときには感じない、なんとも表現しにくい不安感があったのですが。
—— 59

Q15 車椅子に乗ったまま乗り降りができる車があると聞きましたが
車椅子を利用している人の送迎サービスが各地で取り組まれているそうですが、簡単に運転できますか。また、利用する際の手続きはどうなっているのですか。
—— 62

Q16 ハンディキャブを使ったタクシーがあるそうですね
先日、ハンディキャブを使ったタクシーを見かけました。誰でも普通に使えるのですか？　また、そのようなタクシーはどれくらいあるのですか。
—— 66

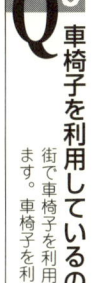

プロブレムQ&A

Q17 車椅子を利用している人と外出するとき、トイレはどうするのですか 68
車椅子を利用している人と外出、ということになれば、当然「トイレ」の問題が避けて通れません。用便の介助はどうすればいいのでしょう。

Q18 車椅子を利用している人が自動車などに乗り移るときには? 73
車椅子を利用している人が車椅子から降りるときにはどのようなお手伝いをすればいいのでしょうか。また、どんなことに気を付けなければならないのですか。

Q19 車いすを利用していても自動車の運転免許が取れるんですね 76
身体に障害があっても自動車の運転免許が取得できるそうですね。どのようにしてとるのですか。また、どのような条件があるのですか。

Q20 車椅子を利用している人に不快な思いをさせるのではと心配です 79
車椅子を利用している人が不愉快に感じることには、どのようなことがあるのでしょうか。どんなことに気をつけて接すればいいですか。

Ⅲ 「視覚障害の人」と出会う

Q21 街中で白い杖を持って歩いている人を見かけることがありますが 86
目が不自由な人がもつ白い杖には、どのような決まりがあるのでしょうか。また、どんなことに気を配らなければならないのでしょうか。

Q22 目が不自由な人を誘導するにはどうすればいいのですか 88
街中で目が不自由な人と行きあいました。誘導をしたほうがよいかと思ったのですが、誘導のやり方には決まった方法があるのですか。

Q23 駅で白杖を持つ人と出会ったらどうすればいいですか 91
駅では切符を買ったり、改札を抜けたり、階段を昇ったりと目が不自由な人にとっての「バリア」が多いので心配です。どういうことに気をつければいいですか。

Q24 白杖を利用している人と歩くときに注意しなければならないことは何ですか 93
私たちが何気なく通っている小さな段差や狭い通路も、視覚障害の人には大きなバリアだと思います。どんなことに気をつければいいのでしょうか。

Q25 点字について教えて下さい
目の不自由な方が「点字」をつかっているということは知っていますが、具体的にはどのようなものですか。また、点字のほかにはどのようなものがありますか。
96

Q26 点字ブロックってどういうものですか
駅のホームなんかに黄色いブロックが埋め込まれているのを見かけます。それぞれのブロックにはなにかきまりはあるのでしょうか。
102

Q27 最近は、点字ブロックにもいろいろあるんですね
最近、黄色以外の点字ブロックが目に付くようになっています。大きさもいろいろあるようです。あれは、いいことなんですか、好ましくないのですか。
105

Q28 新聞で、視覚障害の人が線路に転落して事故にあったという記事を読みました
視覚障害の人がホームから線路に転落してしまうことはよくあることなのでしょうか。一緒にいる私たちがどのような配慮をすれば防げるのですか。
109

Q29 もしもホームから転落した人がいたらどうすればいいのですか
新聞記事に、転落した視覚障害の人を他の乗客が協力して助けたというものがありました。大きな危険を伴うケースでは、実際にどうすればいいのですか。
112

Q30 盲導犬ってどんな犬なんですか
街で視覚障害者が盲導犬をつれているのを見かけることがあります。どんな犬が盲導犬になれるのですか。また、どのように訓練されているのですか。
115

Q31 盲導犬以外にも、「障害者」をサポートする犬がいるんですね。

最近「介助犬」とか「聴導犬」などの紹介を見ることがあります。それらの犬についてはどのような制度があり、どう育成されているのですか。

118

Q32 視覚障害の人と一緒に食事をするときにはどうすればいいですか
視覚障害の人と食事をする機会があります。料理や飲み物の位置はどのように教えればいいのですか。また、どんなことに配慮すればいいのでしょうか。
121

プロブレムQ&A

Ⅳ 「聴覚障害の人」と出会う

Q33 手話に関心が高まっているようですね。 126
聴覚に障害を持つ人のために、手話でのニュースもはじまっています。聴覚に障害がある人への配慮には、どのようなことが考えられますか。

Q34 聴覚に障害がある人とはどう話せばいいのですか？ 129
聴覚に障害がある人との意思の疎通はどうやればいいのでしょうか。「手話」以外の手段には、どのようなものがあるのでしょうか。

Q35 携帯電話を持つ聴覚障害者が増えているそうですね 133
携帯電話を持つ聴覚障害者が多いということを聞きました。どのようにして使っているのですか。また、何か特別なサービスはあるのですか。

Ⅴ マヒのある人、義足・杖を使っている人と出会う

Q36 「マヒ」という言葉をよく耳にしますが、どのようなことですか 136
体が硬直して動作が不自由だったり、声は出てもことばが不明瞭だったりする人がいます。「マヒ」しているというような言葉も聞きますが、どんな状態ですか。

Q37 マヒのある人と食事をするときにはどうすればいいのですか 139
マヒのある人と一緒に食事をするときには、場合によっては直接に食事を手伝う必要があるかと思いますが、どんなことをお手伝いすればよいのですか。

Q38 言葉が不自由な人と会話をするにはどうすればいい 141
言葉が不自由な人と話をしようとすると、何回も聞き返さねばならなかったりして、不快な思いをさせてるんじゃないかと心配です。

Q39 杖にもいろいろな種類があるのですね 144
杖はどのような人が使っているのですか。また、少し注意して見ると、杖にもいろいろな種類があるようです。どのように使い分けられているのですか。

Q40 義足を使っている人に対して、どんな配慮が必要ですか
義足を使っている人にとって、現在の街のどのようなところが不便ですか。私たちが心がけなければならないのはどのようなことですか。
146

Ⅵ 「知的障害の人」と出会う

Q41 「知的障害」の人とは、どうつきあえばいいのですか
知的障害というのは、どのようなことですか。また、知的障害を持つ人と接するときにはどのようなことに配慮をすればいいのでしょうか。
152

Q42 ノーマライゼーションとは、どのようなものですか
よく耳にする「ノーマライゼーション」という言葉は、知的障害者の権利保障から出てきたそうですね。具体的にはどのようなことですか。
155

Q43 知的障害者の高校進学が進められているそうですね
各地で、知的障害のある生徒が普通高校に進学しているそうですね。どのような手続きがとられていますか。また、問題はないのですか。
159

Ⅶ 内部障害・難病の人と出会う

Q44 「内部障害」って、何ですか
内部障害という言葉は、初めて聞きました。具体的にはどのようなことで、どんな困難があるのですか。また、どのような配慮が必要ですか。
166

Q45 携帯電話やたばこの煙が影響するそうですね
電車では「混雑時には携帯電話の電源をお切りください」とアナウンスがされています。これも、内部障害者への配慮なのですか。
168

Q46 「オストメイト」って、何ですか
最近、「障害者用トイレ」に、見慣れないマークが描かれていることがあります。おなかに十字が描かれているのですが、あれはどのような意味ですか。
170

Q47 「難病」や「てんかん」については、どのようになっていますか
「障害者」の範囲に、難病で闘病している人などが入るそうですが、具体的にはどのような人で、どのような配慮が必要ですか。 —173

Q48 糖尿病も、実はたいへんな病気なんですね
中途失明の最大の原因は糖尿病だと聞きました。「生活習慣病」といわれ、とてもありふれた病気のようですが、どんな困難があるのですか。 —176

Ⅷ バリアフリーの社会へ

Q49 障害をもつ人の「社会参加」がよく話題になりますね
スポーツの分野など、従来障害をもつ人が参加しにくかった分野でも、競技会や講習会がふえてきたようです。また「パソコン通信」などもさかんなようですね。 —180

Q50 最近の駅のエスカレーターには、車椅子のままで乗れると聞きましたが
最近は、新しい設備や機械ができて、体の不自由な人が交通機関を利用するのにずいぶん便利になったようですね。どのようなものがあるのですか。 —183

Q51 交通権という言葉を耳にしたのですが
新しい権利として「交通の権利」が主張され始めているそうですが、どのようなものですか。また、それが今あらためて「権利」として問われるのはなぜですか。 —186

Q52 体が不自由だとバスがただになるって聞いたのですが
体が不自由な人が電車などを利用するときに、「身障者割引」があって、同行する人も安くなるそうですね。割引制度にはどのようなものがありますか。 —189

Q53 路線バスでも車椅子のまま乗れると聞いたのですが
最近のバスには、車椅子用のリフトがついていたり、耳が不自由な人のために次の停留所の名前が表示されたりするそうですね。 —192

Q54 「障害」をもつ人が暮らしやすい街とは、どんなものなのでしょうか
「障害」をもつ人が暮らしにくいとはいっても、ラッシュなどで「健常者」だってたいへんな思いをしています。どうしようもないことなのではないでしょうか。 —197

Q55 「通りすがり」に介助をする「意義」は何ですか ―― 200
「障害」をもつ人の不便を解消するのであれば、専門知識を持つ人を増やせばいいと思います。そうすれば、私たちは何もやらなくてもすむのではないでしょうか。

Q56 「通りすがりに介助する」以上のことは、どうすればいいのですか。 ―― 202
「障害」をもつ人々への手助けをもっとたくさんやってみたいと思います。どのようなところで、何をすることができますか。

資料 205

本文イラスト＝戸川イラ

プロブレムQ&A

I

「障害者」と出会う

Q1 街のあちこちに体の不自由な人のための設備が整備されていますね

各地で体の不自由な人のための施設が整備、改善されています。そういうのを見ると、自分も何かお手伝いをしなくちゃいけないんじゃないかと思います。

以前は「白線の内側でお待ちください」といっていた駅のアナウンスが、いつの頃からか「黄色い線の内側に下がってお待ちください」というようになった。

郵便局の入口で工事をしているから何かと思っていたら、スロープがついて自動ドアになっていた。

デパートのトイレの男性用と女性用の間になにやら謎《なぞ》めいた「個室《こしつ》」がある。

高速道路のサービスエリアに、えらく広い駐車スペースがある。

バスに乗ったら、車内アナウンスにあわせて次の停留所《ていりゅうじょ》の名称が電光表示《でんこうひょうじ》されるようになっていた。

最近、街中《まちなか》の建物なんかにはいろいろな工夫がされている。今挙げた事柄のほかにも、むやみに喋《しゃべ》るエレベーターや信号機の「通りゃんせ」、自動券売機《じどうけんばいき》の点字のシール、バスの車体に貼られた「車椅子《くるまいす》マーク」など、「ああ、体の不自由な人への配慮《はいりょ》なんだ

黄色い線
　視覚障害者がホームの縁端部を識別できるように、「警告ブロック」が貼られるようになったため（→Q26）

えらく広い駐車スペース
　車椅子を利用する人が普通乗用車の座席に移乗する場合、ドアをいっぱいに開かなければならないので、他のスペースよりも広くなっている。

な」と思い当たる。そういえば、最近駅に設置されたエスカレーターって、平らになっている部分が長い。これも、身体の不自由な人が利用しやすいように改善されているんだ。

一九八一年の「国際障害者年《こくさいしょうがいしゃねん》」以来、体が不自由な人も社会活動に参加できるようにと様々なキャンペーンや施設の改善整備《かいぜんせいび》が行なわれた。その成果もあって、街中《まちなか》で車椅子を利用したり、白い杖《つえ》をついて歩いている人を見かけることも多くなってきている。そして、私たちはそれらの人々を街で見かけると、「何か手助けができないかな」と思い、実際に声をかけてみたりする。

ぼくもそうやって「介助《かいじょ》の深み」にはまっていった。はまっていく理由は単純で、「自分にはない世界」を持っている友人ができるということが楽しいのだ。また、そういうふうにして、いわば「異なった視点」に刺激《しげき》を受けると、ぼくたちの暮らしているこの社会が、誰に目線《めせん》を据えて造られているのかがわかってくる。

私たちがまず最初に「障害」をもつ人と出会うのは「通りすがり」の出会いである。駅で、道で、バス停で、「障害」をもつ人と出会ったら、どのようにすればいいのか、そして一緒《いっしょ》に行動することで、どんなことが「経験」できるのか、そんな話を進めていこう。

国際障害者年

国際連合（国連）の本来の活動テーマは「戦争の防止と人権の尊重」である。そこで、各国の障害をもつ人々の人権が尊重されるように国連として統一行動を行なったのが一九八一年の「国際障害者年」であり、長期的な行動で状況を改善していこうというのが一九八三年からの「国連障害者の一〇年」だ。その後、一九九三年から「アジア太平洋障害者の一〇年」が進められるなど、国際社会での「障害者対策」は継続して取り組まれている。

Q2 「障害」について、国際的なきまりがあるそうですね

「障害」についてのきまりを、世界保健機関（WHO）が定めているそうですが、どのようなものですか。また、なぜ定められたのですか。

「障害」とは、いったいどのようなものなのだろう。普段《ふだん》は何気《なにげ》なく使っている。国語辞典に掲載《けいさい》されている一般的な用語の「障害」と「障害者」というときの「障害」とでは、きっと違うものではないかとは、皆さんも感じているだろう。

WHOが一九八〇年に定めた分類では、障害のあり方を以下のように分類している

国際障害分類第一版（一九八〇年版）

機能障害《きのうしょうがい》（Impairment）——心理的、生理的若しくは解剖《かいぼう》学的構造ないしは機能の喪失《そうしつ》または異常。

能力障害《のうりょくしょうがい》（Disability）——人間として正常と見なされている方法ないし範囲内で活動する能力の（機能障害の結果としての）制約または欠如《けつじょ》。

世界保健機関（WHO）

国際連合の「専門機関」の一つ。各国の衛生や健康という点から「人権」が保障されるように活動が取り組まれている。世界保健憲章は「健康とは単に疾病または虚弱でないということだけでなく、肉体的、精神的、または社会的にも完全で良好な状態である」としている。本部はジュネーブ。

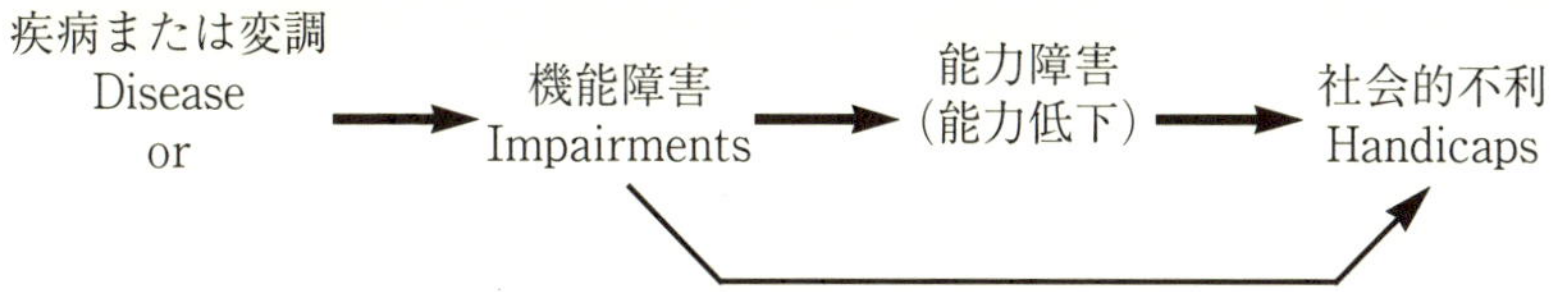

図2-1　国際障害分類　第1版

社会的不利（Hadicap）——特定の個人にとり損傷または能力不全によりもたらされる不利益であって、その個人の年齢、性、社会的並びに文化的要素に応じ正常とされる役割の遂行《すいこう》を制限または妨げられるもの。

これは、「障害」をいわば三つの段階に分けてとらえたものである。

「視覚障害」を例に挙げよう。

何らかの怪《け》我《が》や病気で「視力を失う」というのが「機能障害」だ。これは、「生理的問題」にすぎない。

視力を失ってしまったために、文字が読めなくなる。あるいは、速やかな歩行ができなくなる。このような、「機能障害」によって引き起こされてしまうのが「能力障害」である。これも、いわば「その人個人」の問題だ。

そして、文字が読めなかったり速やかに歩けないということで、就学《しゅうがく》・就労の機会を失ったり、時にはいわれのない差別を受けることもある。これが「社会的不利」で、社会全体で取り組んで、低減していくべきものとされている。

「障害者に関する世界行動計画」
国連で、「国際障害者年」の成果をもとに検討された指針。世界の障害者問題を分析した上で各国や国際社会がなすべきことなどを具体的に提示している。

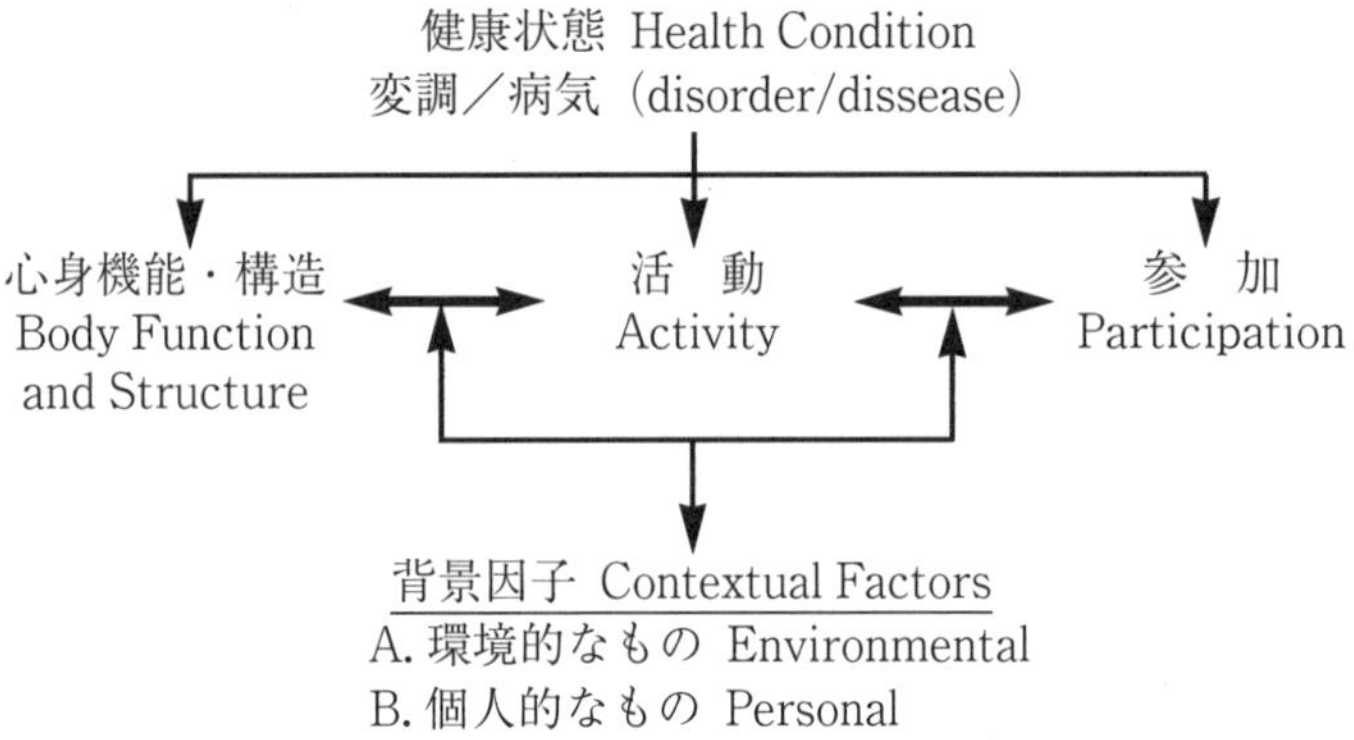

図2-2　国際障害分類　第2版

この三類型は、とてもわかりやすかったので、「教科書」には必ず紹介されるものだった。しかし、この考え方では十分ではないとして、二〇〇一年、世界保健機関で改定案が承認されている（図2―2）。

改定版は、第一版と比べて少しわかりにくいかも知れない。それは、それぞれの要素が互いにつながれているからだ。

従来の「三類型」では、「障害」が直線的に　機能障害→能力障害→社会的不利　と進んでいくものとしてとらえられていた。いわばその人の「医学的な状態」が最重要視されていたのである。それに対して今回の改定では、「障害をもつその人」の生活のあり方がどのような要素によって規定されているのかが重視されている。

まず、注意が必要なのが「用語」の問題

である。従来のものが、「マイナスイメージ」を与えやすい語句だったのに対し、改定版では中立なものを使用している。「機能障害」の代わりに「心身機能・構造」（Body Function & Structure）、「能力障害」の代わりに「活動」（Activity）、「社会的不利」の代わりに「参加」（Participation）が用いられている。

　そして、従来はそれらの「不利益」をもたらすものについて、きちんとした位置づけが不十分だったが、改定版では「背景因子《はいけいいんし》（Contextual factors）」として「環境的《かんきょうてき》（Environmental）」要因と「個人的（Personal）」要因が挙げられている。

　そして最も大きな違いが、「心身機能・構造」「活動」「参加」の間が、双方向の矢印で結ばれているということだ。つまり、それぞれの要素が相互《そうご》に依存《いぞん》しているということである。たとえば、下肢《かし》（心身機能）に障害がある人が、車いすを利用して外出（活動）できるようになれば、そのことで就労（参加）が可能になるという方向のみが従来の考え方だ。それに対して、車椅子での利用が可能（参加）な交通機関が整備されることが、車椅子を利用しての外出（活動）を促《うなが》し、それが一つの動機づけになって「リハビリ」（心身機能・構造）の成果が上がるという方向性もあるというのである。

　そして、そのような動きに影響を与えるのが「個人的背景」ばかりではなく、諸設備や社会のあり方、すなわち「環境的背景」もあるということも、わかるだろう。

　一九八二年に採択された国連の「障害者に関する世界行動計画」では、以下のように述べられている。

「ハンディキャップとは、障害者と彼らをとりまく環境との関係から生じるものである。それは他の市民が利用できる社会の種々のシステムに関し、障害者の利用を妨げる文化的、物理的又は社会的障壁《しゃかいてきしょうへき》に障害者が遭遇《そうぐう》したときに生じる。このように、ハンディキャップとは、他の人々と同等のレベルで社会生活に参加する機会が喪失または制約されることである」「社会は時として、身体的、精神的機能を完全に備えた者にのみ供される。予防の努力にも拘《かか》わらず、損傷や能力不全を負った人は常に相当数いるということと並びに社会がそういう人々の完全参加を阻《はば》む障害物を見きわめ、除去《じょきょ》すべきであるということを、認識しなければならない」。

ＷＨＯの「国際障害分類」は、各国の「障害者」が現在どのような環境や課題の下に置かれているかを分析する指標として活用される。「人権」というのは、すべての人に等しく保障されるものだから、国によって違いがあってはならない。このような指標が示されることで、とかく制約されがちな障害者の人権状況を客観的に評価でき、それぞれの分野での取り組みの方向性が定まるのである。

文化的、物理的又は社会的障壁
こういうものが「差別の温床」になるわけだ。

身体的、精神的機能を完全に備えた者
国連が一九七四年に発表した「バリア・フリー・デザイン」報告書では、このような人を「Mr Average」（標準氏、とでもいいますかね）と表現し、どこにも存在しない人としている。
↓『図解・バリア・フリー百科』日比野正己・編著　ＴＢＳブリタニカ刊

Q3 「障害者」とは、どのような人のことをいうのですか

「障害者」とは、どのようなひとのことで、どんなきまりがありますか。また、そのきまりにはどのような働きがあるのでしょうか。

私たちは、ふだん漠然《ばくぜん》とした意識で「障害者」という言葉を使っている。そして、多くの人はその意識の中で障害者が「差別」されがちな存在であるという認識をし、そのような「差別」はよくないことであると承知《しょうち》をしながら、それでいて「差別的」な意識を払拭《ふっしょく》しきれないでいる(たとえば、様々な用語の「言い換え」がされていることを揶揄《やゆ》して「髪の毛の不自由な人」というふうに茶化すようなことは、よく見受けられる。また、特徴的な言葉遣《ことばづか》いや仕草《しぐさ》を誇張《こちょう》して模倣《もほう》するということは、学校の教職員の間でさえ行なわれていることがある)。

さて、改めて「障害者」という存在の根拠《こんきょ》を求めると、次のような「定義」にいきあたる。

「障害者基本法」による定義

この法律において「障害者」とは、身体障害、知的障害又は精神障害(以下「障害」

障害者基本法

一九七〇年に制定された「心身障害者対策基本法」を全面的に改正して一九九三年に公布された法律。「障害者」のために国や地方公共団体などが計画的に施策をし、「障害者の自立と社会、経済、文化その他あらゆる分野の活動への参加を促進」するということを目的としている。

ものをいう。

と総称する）があるため、長期にわたり日常生活又は社会生活に相当な制限を受けるものをいう。

障害者基本法は、日本の「障害者政策」の基本的な姿勢を定めた法律だ。

この法律で指摘されているのは、身体等の「障害」によってさまざまな「制限」（不利益といいかえてもいいだろう）を被《こうむ》っているのだという認識である。そして、当然のことながらこれらの「不利益」を解消していくように予防策《よぼうさく》を講じ、リハビリテーションなどの対策をとり、そして「ハンディキャップ」をなくしていこうとしている。これらは、つまり「障害者」を「個人として尊重していく」世の中をつくっていこうとするものである。

「障害者」というとき、その人の「機能」の問題ではなく、どのような「不利益」があるのかということに注目すべきなのだということである。

障害者基本法が全般的なきまりなのに対して、個別の「身体障害」について定めたのが「身体障害者福祉法」だ。この法律では、障害者を「別表に掲げる身体上の障害がある一八歳以上の者であって、都道府県知事から身体障害者手帳の交付を受けたもの」と定義している。

その別表には、視覚《しかく》障害、聴覚《ちょうかく》または平衡機能《へいこうきのう》障害、音声・言語・そしゃく機能障

リハビリテーション

単に疾病や事故などにより喪ったり制約を受けるようになった「機能」を「回復」するために行なう訓練ばかりでなく、「人間的復権」まで目指すとされている。

個人として尊重していく

「すべて国民は個人として尊重される。生命、自由及び幸福追求に関する国民の権利については、公共の福祉に反しない限り、立法その他の国政の上で最大の尊重を必要とする」（日本国憲法第一三条）

知的障害者福祉法

一九六〇年に制定された法律。「知的障害者の自立と社会経済活動への参加を促進するため、知的障害者を援助するとともに必要な保護を行ない、もって知的障害者への福祉を図ること」を目的としている。

精神保健福祉法

害、肢体不自由《したいふじゆう》、心臓機能障害、じん臓機能障害、呼吸器機能障害が示されており、政令によって、ぼうこう・直腸機能障害、小腸機能障害、ヒト免疫不全《めんえきふぜん》ウイルスによる免疫機能障害（ＨＩＶ）が加わっている。この法律によって「手帳制度」が定められていて、各種の福祉サービスを受ける基礎的な決まりとなっている（それぞれの等級については、巻末資料を参照のこと）。

このほか、知的障害に関しては「知的障害者福祉法」が、精神障害に関しては「精神保健福祉法」が定められている。

また、「てんかん」「自閉症《じへいしょう》」「難病《なんびょう》」の人々については、障害者基本法（一九九三年改正）の付帯決議《ふたいけつぎ》で「障害者」の範囲に含まれるものとして対策をとることが明示されている。

これらの法律は、あくまでも「障害」を持つ人が社会生活を営みやすくするために定められたものだということを肝《きも》に銘《めい》じておこう。と、いうのは、このような「きまり」にばかり目がいってしまうと、そのきまりを通してその人を見てしまいがちになるからである。

たとえば、車椅子を使っていないけれど歩くのが困難だという人は多い。ところが、駅にあるエスカレーターは、車椅子利用者が使用するときだけ係員が運転方向を切り

正式名称は「精神保健及び精神障害者福祉に関する法律」。精神障害者の医療、保護、社会復帰の促進、自立と社会経済活動への参加の促進などを目的としている。

難病

一九七二年に厚生省（当時）が定めた「難病対策要綱」によれば、

①原因不明、治療方法未確立、後遺症を遺すおそれの少なくない疾病、

②経過が慢性にわたり、単に経済的な問題のみならず介護等に著しく人手を要するため家庭の負担が重く、また精神的にも負担の大きい疾病、

と定義し、次に示すものを「特定疾患」という。

ベーチェット病、多発性硬化症、重症筋無力症、全身性エリテマトーデス、スモン、再生不良性貧血、サルコイドーシス、筋萎縮性側索硬化症、強皮症・皮膚筋炎および多発性筋炎、突発性血小板減少性紫斑病、結節性動脈周囲炎、潰瘍性大腸炎、大動脈炎症候群、ビュルガー病、天疱瘡、脊髄小脳変性症、クローン病、

替える。そのため、車椅子を使っていない人は転落の危険におびえながら階段を下ることになる。

このようなことに「疑問」を感じるセンスをもつためにも、決まりにばかり目を向けないで、実態をみることが大切なのである。

劇症肝炎、悪性関節リウマチ、パーキンソン病、原発性アミロイド－シス、後縦靭帯骨化症、ハンチントン舞踏病、ウイリス動脈輪閉塞症、ウェゲナー肉芽腫症、突発性拡張型（うっ血型）心筋症、シャイ・ドレ－ガー症候群、表皮水水疱症、汎発性膿疱性乾癬、広範脊柱管狭窄症、原発性胆汁性肝硬変、重症急性膵炎、小児慢性特定疾患

なお、このほかに各都道府県が独自に指定し、対策を講じている疾患もある

Q 4 障害をもつ人が不便さを感じるのはどのような時ですか

「障害」をもつ人と出会うと、多くの場合「いろいろと大変だろうな」というように思います。それは「障害があるから仕方がない」ことなのでしょうか。

先ほどの国連などの「定義」によれば、「不便」だから「障害者」なのだといえることになる。すなわち、世の中の様々なものが制約のない人たちのことばかり考えて作られているから、肉体的機能や知的な機能が制約されている人たちに様々な「ハンディキャップ」が負わされることになってしまうのである。

それらの不便を解消するため、たとえば行政《ぎょうせい》は「ホームヘルプサービス」などによる「在宅福祉サービス」で、食事や排泄《はいせつ》、入浴の「介護《かいご》」などを行なっている。そしてそれらで不十分なことを補うように、いってみれば「障害を持つ人の人権の確立」「地域で共に生きていく」というような取り組みとして、その人の家にローテーションを組んで泊まり込んで介助をすることなどをはじめとして、自立支援に取り組むグループも全国には無数にある。「通りすがり」では決して解消できない「問題」に取り組んでいるそれらの活動の「歴史」も随分《ずいぶん》長い。

「とおりすがり」に介助するというのは、そのような自立支援活動のほかに、日常生

在宅福祉サービス

つい軽く書いてしまったが、かつて「重度」の「障害者」は、施設に入所するのが通例であった。「地域」で「自立生活」をする、そしてそれに対する「行政サービス」を「権利」として確保するということには、長い時間の運動があったのである。

→『生の技法』安積純子、岡原正幸、尾中文哉、立岩真也・著　藤原書店刊

『口からうんちが出るように手術してください』小島直子・著　コモンズ刊

自立支援に取り組むグループ

活のちょっとした局面で不便さを生じさせる「制約」の部分を肩代わりすることである。「障害をもつ人の人権の確立」を、「継続的」な取り組みに参加する人ばかりに任《まか》せっきりにしないで、自分にできる範囲のことをやっていくことでも実現していこうというのである。

「障害者」がなにかの不便にさらされる場面では大きく三つの要素が考えられる。

一つ目は、「物理的」な制約である。もっともわかりやすい例でいえば、車椅子を利用していると単独で階段を昇降《しょうこう》することができないということだ。そのときに、車椅子を持ち上げるという介助をすれば、三次元の移動が困難な人の「制約」を補うことができる。

二つ目は、「情報」のやりとりに伴う制約である。たとえば、視覚障害者は、視覚情報を得ることが困難である。そのことにより、目が見えていたら避けられ得る困難に遭遇《そうぐう》したり、目が見えていたら得られた利益を享受《きょうじゅ》できなかったりする。目が見える人が必要な情報を適切に提供すれば、駅のホームから転落する、出口を間違えて遠回りをするといった不利益を解消できるのである。

三つ目には「心理的」制約を挙げたい。端的《たんてき》に言って「差別」「偏見《へんけん》」に類することがらである。たとえば、会話が不自由な方に、幼児に接するような態度をとるようなことがしばしば見受けられる。発声が困難であると「知的能力」も制約を受けているのではないかという偏見（さらにいえば、知的能力が「劣っている」ということに対

→ドキュメンタリー映画『えんとこ』伊勢真一・監督。「東京・世田谷の住宅街にあるマンションの一室2DKが、遠藤滋と介助の若者たちの居場所。この物語の舞台です。遠藤の居るところであり、縁のあるところ、という意味で〈えんとこ〉と名付けられた。そこには生かし合う日々の暮らしがあります」（ホームページから。全国で上映活動がとりくまれている）

大きく三つの要素

これに「制度の障壁」を加えることもある。

→『バリアフリー入門』もりすぐる・著　緑風出版刊

する偏見も強烈な社会的影響をもっているのだが）によるものである。この制約条件の解消がおそらくもっとも困難なものである。実際にそのような「制約」を持つ人と接してみればそのような「偏見」は容易に解消するのであるから、自分で経験してみること、そしてそのことによって自分や周囲の人の心の中に存在する制約条件を低減させていく必要がある。

これら三つの諸条件（このようなものを「バリア」と表現することがある）は、一緒くたになって「障害者」に襲いかかってくる。そのときに、その「制約条件」をなにがしかの「お手伝い」をすることによって解消する（そういう状態を「バリアフリー」という）。そうすれば、何かと住み良い町ができるのではないかと思うのだ。

「バリア」
　元々は建築用語で、段差などの「障壁」を表した言葉だが、広く「障壁」一般を指す用語として定着した。

バリアフリー
　これも元来は階段のかわりにスロープにするというようなものだったが、その他の「工夫」や心理的な面でも使われるようになっている。

Q5 街で「障害」をもつ人を見かけても、どうしていいかわかりません

車椅子を利用している人を見かけても、自分は何も知らないので、ただ「大変だろうな」と思うだけなのです。介助には、何か特別な知識が必要なのですか。

「障害」を持っている人の「お手伝い」をすることを、本書ではこの後「介助《かいじょ》」というふうに表現する。辞書的にいえば「介助」とは、「ひとりで動作できない人に対する食事排便寝起きなど起居動作《ききょどうさ》の手助け」ということになる。ただ、この説明は、あまりにも「個人」の領域に話を限定しすぎているきらいがある。この本では、たとえば街を歩いているときなどの「社会的行動」での介助を中心に話を進めていく。なお、よく似た言葉に「介護」という言葉があるが、こちらはさらに生活全般にわたるもので、「疾病や障害などで日常生活に支障のある場合、介助や身の回りの世話をすること」をいう。

旧来の「障害者観」では「障害」を持つ人は社会が「保護」すべきものという意識があった。それは、実は現在も大して変わらない。何かというと「危ないですから」「何かあると困りますから」と、親切を装って「障害」を持つ人の行動を制限したりするのである。その結果、「障害」を持つ人は「危ない」とされる社会そのものから遠ざ

けられてしまうのだ。

この本で述べる「介助」というのは、「障害」を持つ人が、社会の責任で放置されている何らかの障壁に直面しているときに何かの手助けをすることによって、その人ののぞむ行動を実現するというものである。そういうと大げさだが、たとえば、車椅子を利用している人が階段を前にして先に進めないとき、視覚障害のある人が交差点で十分な安全確認ができそうにないときに、私たちが「介助」することによってその「ハンディキャップ」を解消しあるいは低減しようというのである。

それぞれの「障害」についてはリハビリテーションなどの専門家がいて、たとえば白杖歩行《はくじょうほこう》の安全なやり方などを、それぞれの「障害者」に指導している。私たちは、確かにそのような「専門知識」には乏しいが、だからといって何もせずに、あるいは手をこまぬいて見ているばかりでは、問題は解決しない。

「介助」というものは決して特別なものではないというふうに考えたほうがいい。それは、たとえば駅でバス乗り場の場所がわからない人を案内するとか、網棚《あみだな》に荷物を載せようとしている人にちょっと手を添えるとか、そういうことに類することなのである。ただ、その「障害」に応じた対応などについては、少しだけ知っていればいいことがあって、そういうことは経験を積んだり本書を読んだりする過程で徐々にわかっていくようになっている。

「介助」というのは特別なことではなく、ほんのちょっとした場面で行なうようなも

ハンディキャップ

「社会的」不利。だから、社会の課題として取り組む必要性が高いわけだ。

のである。そのことを、立法府が堅苦しく法律の条文にすると次のようになる

「国民は、社会連帯の理念に基づき、障害者の福祉の増進に協力するよう努めなければならない」（障害者基本法第五条）

わかりやすくいえば、世の中の人は、みんな助け合って生きているのであるから、「障害」をもっている人がいたら困ることがないように気を配らなければいけないよ、ということだ。

たとえば、何か困っている人がいたら手を貸そうというのは、社会生活の最も基本的な感情なのだと思う。ぼくが「三世代同居」で育ったからそう思うのかな。でも、人間は、貨幣や商品が「経済」の中にとりこまれる前から社会を形成し、いわば「たすけあって」暮らしてきたのである。

ぼくたちだって、何か困ってしまったときには誰かの手助けが必要で、そして困ったときに「親切」にしてもらうととてもうれしく感じるものだ。「障害者の介助」というと、何か生命にかかわることのようで（実際には、そういうこともあるのだが）、また、何となく照《て》れくさくてついためらってしまうが、必要とされることであればまずやってみることが大切である。

立法府　「国会」のこと

Q6 先日勇気を出して声をかけたのに「結構です」と言われてしまいました

目が不自由な人に勇気を出して声をかけたのに、何も答えてくれなくて、少しショックでした。もう声をかけるのはやめようかって思ってます。

「この間、頭に来ちゃった」
「どうしたのさ」
「駅で白い杖持った人がいたの。で、声をかけたらまるっきりシカトして行っちゃうんだよ。すっごく気分悪くって。もう二度とやんないって思っちゃったんだけど」

これは以前、ぼくが職場の同僚と実際に交わしたことのある会話である。それぞれの人の感じ方が想像できる。

また、先ほどの「定義」にはなしが戻っていく。そう、「困ったときが障害者」というあの考え方である。たとえば件《くだん》の視覚障害者の場合には、毎日使っている駅でなんの不安もない時には、特に介助を必要としないのである（もちろん、周囲のざわめきなどのせいで、自分に向けて声がかけられたと認識していなかった可能性もあるだろう)。そのような中で声をかけてもらっても、それはちょうど、特に悩みも健康の不安もないときに「あなたの幸せのためにお祈りさせてください」と呼び止められるのに似ている。

「でも、なんか反応してくれたっていいと思わない」

これもまた面倒《めんどう》な問題をはらんでいる。「世間」ではとかく「障害」を持つ者は「ピュア」だとか「ひたむき」だとか「一所懸命《いっしょけんめい》」だとか、まぁそういうふうにいわれている。しかしながら、障害を持つ者だからといって「特別な人格者」ではないのだから、全員がいつも明るくさわやかでいられるわけではない。急いでいるときには呼び掛けられても振り向きたくないだろうし、人付き合いの苦手な人だっているだろう。あるいは、一日中声をかけられっぱなしでいやになっているかもしれない。これも、「お祈りさせてください」っていわれて立ち止まるか、一言断っていくか、それともまるっきり避けていくかというのによく似ている。

「困っていない障害者」というのは、いわば形容矛盾《むじゅん》的な存在で、だから「介助」などの必要がないときにはふつうの「他人の関係」を保てばいい。そして、「困って」いる、いわば「真の障害者」(こんな言い方すると怒る人が出てくるかもしれないな)に行き会ったら介助をすればいいのだ。

夕焼け

吉野弘

いつものことだが
電車は満員だった。
そして
いつものことだが
若者と娘が腰をおろし
としよりが立っていた。
うつむいていた娘が立って
としよりに席をゆずった。
そそくさととしよりが坐《すわ》った。
礼も言わずにとしよりは次の駅で降りた。
娘は坐った。
別のとしよりが娘の前に
横あいから押されてきた。
娘はうつむいた。
しかし
又立って
席を
そのとしよりにゆずった
としよりは次の駅で礼を言って降りた。
娘は坐った。
二度あることは　と言う通り
別のとしよりが娘の前に

「じゃあ、どうすればいいの。なんか、これからやりたくなくなっちゃったな」

確かに、意を決して声をかけたのに、にべもない応対をされたらそれはイヤになるかもしれない。ぼくが使った中学校の国語の教科書に、乗り合わせた高齢者に席を譲ろうとしてことごとく「失敗」する女性のことを描いた詩が載っていた（下欄参照）けど、介助、特に通りすがりにする介助もそれに似ている。その人が必要としていることを、適切《てきせつ》なタイミングで、的確《てきかく》にやることが必要だ。たとえば、混んでる電車で席を譲《ゆず》るというのが「介助の基本訓練」といったことになるのかもしれない。

ぼくたちが気にとめたその人が介助を必要としていないこともある、でも、必要なこともある。その違いは経験を積むうちに何となくわかってくるものだ。だから、はじめのうちは何回も断られて気まずい思いをするかもしれないけれど、とりあえず声をかけ続けてみればいいのではないだろうか。

押し出された。
可哀想に
娘はうつむいて
そして今度は席を立たなかった。
次の駅も
次の駅も
下唇をキュッと噛んで
身体をこわばらせて――。
僕は電車を降りた。
固くなってうつむいて
娘はどこまで行ったろう。
やさしい心の持主は
いつでもどこでも
われにもあらず受難者となる。
何故って
やさしい心の持主は
他人のつらさを自分のつらさのように
感じるから。
やさしい心に責められながら
娘はどこまでゆけるだろう。
下唇を噛んで
つらい気持ちで
美しい夕焼けも見ないで

（『吉野弘詩集』思潮社）

余談雑談①

「盲導犬」のように育てられて

ぼくの祖母は弱視《じゃくし》だった。ぼくが一二歳の時に亡くなったから、どこがどう悪かったのかまでは正確に覚えていないけど、確か片方の角膜にキズがついており、それに老人性白内障《はくないしょう》が加わって、両目ともぼんやりと輪郭《りんかく》を判別するくらいだったのではないかと思う。

ぼくには少し年の離れた兄姉がいて、その二人は祖母にあちこち連れていってもらえていたのだが、ぼくはむしろ「言葉の通じる盲導犬《もうどうけん》」といった役回りであった。

一九七〇年代のことだから、どこへ行くのにもバスと電車と汽車だ。バスにはまだ車掌が乗務していたし、電車の切符も窓口で係員が売っていたから、ぼくはそこまで一緒に行き、車内ではあいた席を見つけて一緒に座ったわけである。

ぼくが小学校に入学してから祖母は一人で病院や墓参《ぼさん》に出かけるときに白い杖をもつようになった。おしゃれを気にする昔気質《むかしかたぎ》の人だったので、はじめは杖をもって歩くことに抵抗があったようだが、ある日病院から帰ってくるなり、うれしそうにこんな話をした。

「最近は、バスもワンマンになっちゃって、来るバスの行き先がわからないじゃない。それでいつも、他の待っている人に聞くんだけど、今日、西高（静岡県立清水西高等学校。ちなみにさくらももこの出身高校のはずである）の女の子たちにたずねたら、わざわざ自分たちのバスを何本も見送って一緒に待ってくれて、そのうえ別方向になるのに隣のバス停まで一緒に乗ってくれた。本当に助かった」

祖母はあまり出先でのことを話すことがなかったので、とりわけ印象に残っている。こういうような経験もあり、ぼくは何かというと「手伝えることはありますか」というように声をかける性格になってしまったのかもしれない。

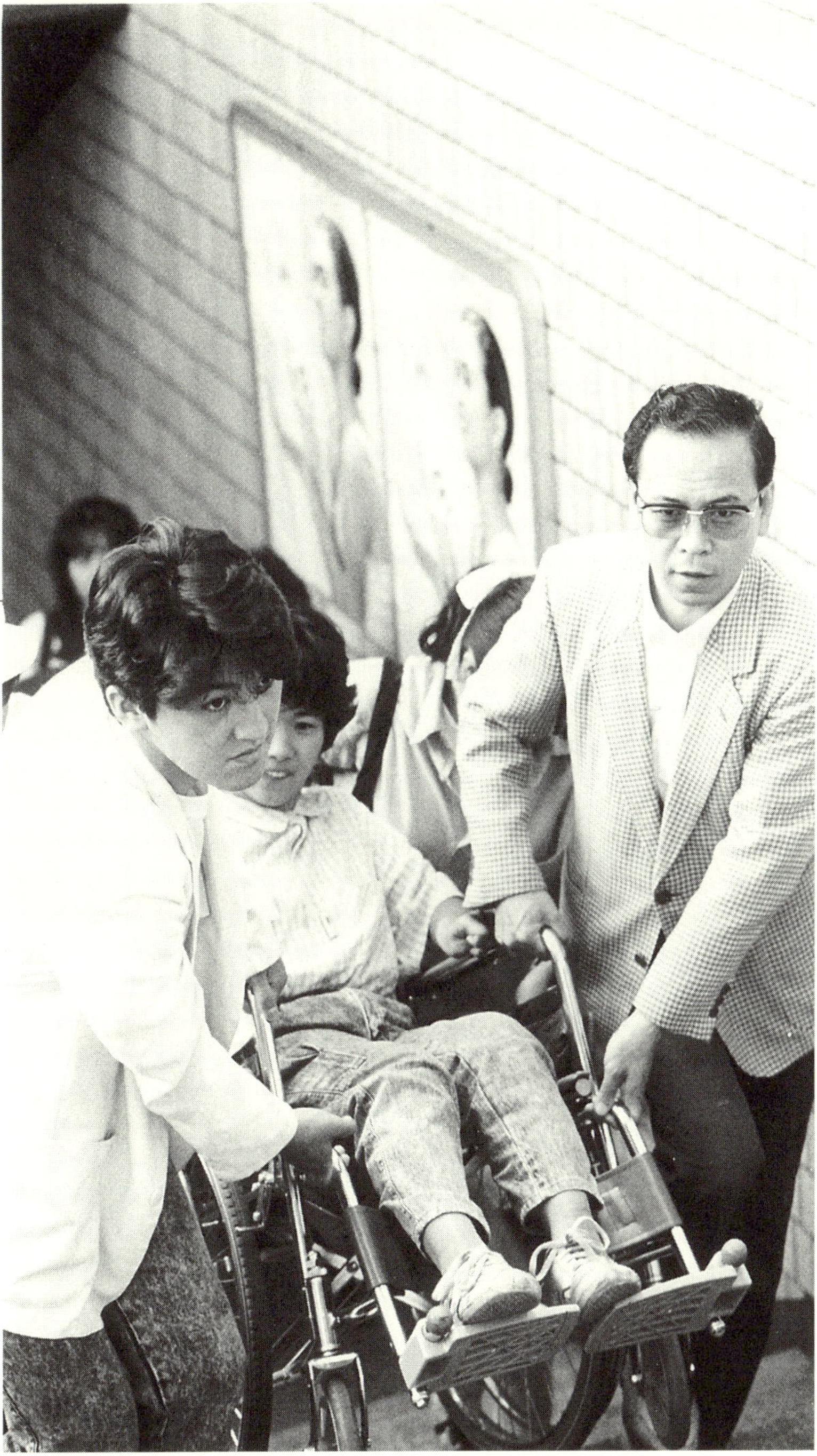

プロブレムQ&A

II

「車椅子を利用している人」と出会う

Q7 街で時折、車椅子を利用している人を見かけるようになりましたね

最近、車椅子を利用している人のことを念頭に置いて施設の改善が進んでいるせいか、車椅子を利用している人をよく見かけるようになりましたね。

最近、街で車椅子《くるまいす》を利用している人を見かけることが多くなった気がする。家族と思われる人に押してもらっていたり、自力でこいでいたり。中には、モーターで動いているものもあるようだ。また、ショッピングセンターや美術館などで、貸出用の車椅子が用意されているのを見かけることもある。

駅にはエレベーターやスロープがつき、車椅子に乗ったまま乗り込めるノンステップの路線バスなども運行されるようになっている。「車椅子マーク」は実際の車椅子利用者以上に、街の至る所にみられる。

僕は、静岡県清水市で一九歳まで過ごした。二四万の人口を擁《よう》する地方都市だったのだが、車椅子利用者を見かけた記憶がほとんどない。意識がそこまで回らなかったということや、一九八〇年代前半ではまだ車椅子を使っての一人歩きがしにくかったということもあるだろう。「車椅子を使っている人」のことをはじめて意識したのは、だから大学生になってからである。

車椅子マーク

最近いろんなところで見かけるけれど、「ISO7000」という国際規格に定められている。掲示のための最低条件は

玄関　地面と同じ高さにするほか、階段のかわりに又は階段のほかに、ランプ（傾斜路）を設置する

出入口　80センチメートル以上開くものとする。回転ドアの場合は別の入口を併設する

ランプ　傾斜は一二分の一（こう配四・五度強）以下とする。室内外を問わず、階段のかわりに又は階段のほかにランプ

車椅子利用者の介助をしていて感じるのは、最近は、車椅子利用者が街を歩くということに周囲の人が慣れてきているのだなということだ。何年か前、車椅子利用者と都内を地下鉄で移動しているときのことだ。車椅子利用者が鉄道を利用する場合、乗車駅から降車駅《こうしゃえき》に連絡がいき、階段の昇降《しょうこう》の手助けを鉄道の係員がしてくれるのが通例なのだが、乗り換え駅では連絡ミスで駅員がまだ来ていなかった。階段の前で駅員が来るのを待っていると、通りかかった勤め帰りの人が数人集まって、階段を上がるのを手助けしてくれた。別の時、ファミリーレストランの入口のスロープを上がっていたら、小学校三年生くらいの男の子が、扉を開けて待っていてくれた。

たしかに、まだまだ好奇《こうき》のまなざしを感じることがある。特に、何かしらの「マヒ」がある人と一緒の時には、まだ偏見があるんだなと感じてしまうことがある。しかしながら、たとえば車椅子マークがついたいろいろな設備をみていると、そのような街に車椅子利用者（いわば、それらの設備の正当な利用者）がいない方が不自然なのではないだろうか、そんな気さえしてくるのだ。

いわば、「障害者のシンボル」になっている車椅子利用者と、どういう風に一緒に行動できるかを、これからざっと説明しよう。

を設置する

廊下・通路　一三〇センチメートル以上の幅とする

トイレ　利用しやすい場所にあり、外開きドアで仕切り内部が広く、手すりが付いたものとする

エレベーター　入口幅は八〇センチメートル以上とする

現在掲出されている「車椅子マーク」でこれに適合しているものがどれだけあるか疑問である。

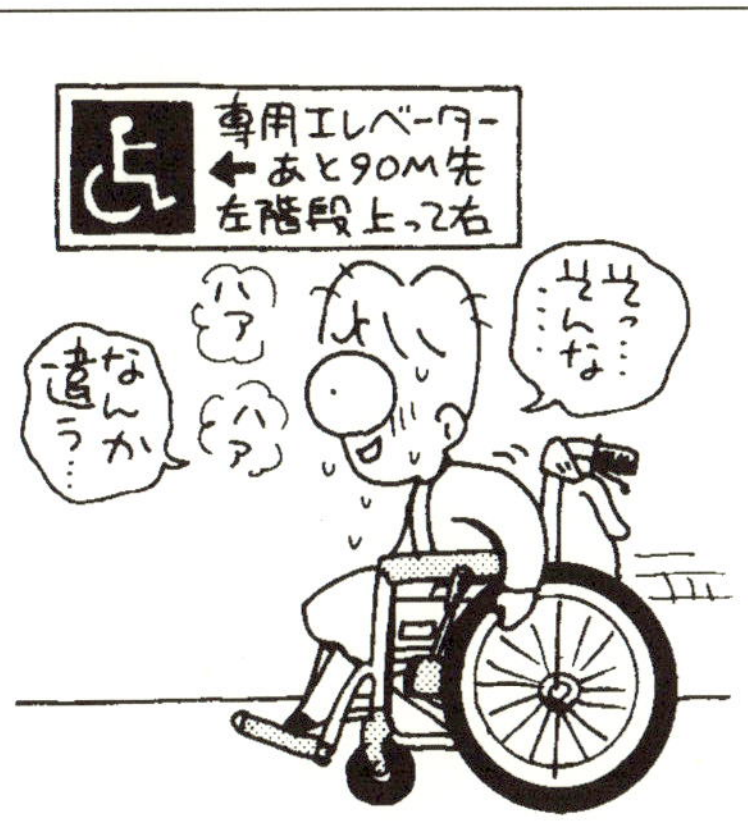

Q8 車椅子を利用しているのはどんな人ですか

街で車椅子を利用している人を見かけますが、いろいろな人がいるように思います。車椅子を利用している人といってもひとくくりにはできないんですね。

車椅子を利用している人を一くくりに「類型化《るいけいか》」することはできない。まあこれはどのような「障害」であってもそうなのだが、その人個人の「障害の程度」が大きく異なるためである。

たとえば、なんらかの事情で下肢《かし》がなかったり下肢の機能がマヒしてしまった人がいる。脊髄損傷《せきずいそんしょう》などの場合が多い。そのような人のなかには「腰から上」の機能は日常生活に支障なく、マラソンやバスケットボール、テニスなどのスポーツもできるし、運転装置を改造した自動車の運転も可能な人もいる。もちろん、損傷の程度や受傷《じゅしょう》部位によっては体幹部《たいかんぶ》や上肢《じょうし》にまで障害が残る場合があるし、それまでのリハビリテーションは生やさしいものではない。単に「脊髄損傷」の一言では片づけられないのである。

そのような人々とのいわば「対極」に、先天的なマヒや小児マヒ、あるいはさまざまな病気によって、下肢をはじめとする機能が制約されている人がいる。不随意運動《ふずいいうんどう》を伴ってしまったり、言語などに「障害」を持つこともある（そのような状態を「重複《ちょうふく》

脊髄《せきずい》
「脊椎」と、混同しないように注意が必要。脊髄は、背骨の中を走る中枢神経で、何らかの力が加わって切断されるとその損傷部位以下に運動・感覚マヒをもたらす。一度損傷すると再生しないとされている。脊椎は、背骨を形作る骨片のこと。（→Q36）

体幹部
いわゆる「胴体」の部分

障害」と呼ぶことがある)。

今挙げたような人々の中で、下肢により体を支えることが困難《こんなん》な人が車椅子を利用しているのである。

車椅子をその「動力」で区分すると、「手動」と「電動」に分けられる。手動車椅子《しゅどうくるまいす》は、自力か押してもらうかの違いはあるけれど「人力」が動力源である。車椅子自体の構造は至って簡単で、左右方向へ動く前輪と、自力で動くときには手で回す大きな後輪とが「椅子」についている。そして後輪にはストッパーが備えられて、乗り降りの時や停まっているときに動き出さないようになっている。そして多くの場合、使わないときには座面《ざめん》をたたんでしまえるようになっている。日本で初めて製作された手動車椅子は、日露戦争の傷病兵が入所した箱根療養所で使用された「箱根式」というものだという。北海道産の「塩辞《えんじ》」という木材を利用した椅子に大八車の車輪をつけたもので、介助者が押して移動することが前提の車椅子である。

「電動車椅子《でんどうくるまいす》」はその名の通り、電動モーターで左右の車輪を回転させる仕組みの車椅子である。日本では、一九七〇年代から実用化されている。モーターが左右それぞれについていて、右に曲がろうとするときには左の車輪が動き、左の時にはその逆という仕組みだ。手元の操作盤《そうさばん》を操作することで前後左右に動き、速度調節も可能。バッテリーは自動車に使われている物と共通で一二ボルトが二個というのが一般的で、だから車体重量だけで六〇キロほどにもなってしまうのが最大の悩みである。中には、

不随意運動
自分の意思に反して、あるいは意思をもたないのに筋肉が収縮し、あるいは弛緩《しかん》してしまう運動。筋肉が強い収縮を続けてしまうために関節や骨などが変形してしまう場合もある。

重複障害
二つ以上の「障害」をもってしまっている状態をいう

手元の操作盤
ゲーム機でおなじみの「ジョイスティック」が使われているものが多い。上肢に「障害」があるときは、顎や呼気によって操作する場合もある。

普段は電動車椅子を利用していても遠くに外出するときには介助者の負担や充電の手間を考えて、手動に乗り換えてしまう人もいる。

　電動車椅子は、モーターとギアが直結の時には、操作盤でのコントロール以外では動かないから「ストッパー」は特にない。狭いところを介助者が押すときや、段差を介助者が押し上げたり押し下げたりするときには、ギアを解除する。ただし、近年は外国製の様々な電動車椅子が入ってきていて、今の説明に当てはまらないものも多くなっている。また、スクータータイプの電動三輪車も「電動車椅子」と認定されるようになった。

　車椅子は、使用する人の体のサイズや「障害の程度」に合わせて調整される。いわば、眼鏡が各人の視力などにあわせて調整されるのと同じことである。だから、たとえば足で地面を蹴って後ろ向きに移動するような人の場合は、今紹介した「前輪」と「後輪」の関係が逆になっていたりする。

　車椅子を利用している人の「個人差」や車椅子自体の「個体差」があるのだということを前提にしながら、一般的にはどうすればいいのかということをこの後に述べていく。

ギア
「クラッチ」ということもある。

今の説明に当てはまらないもの
たとえば、電動アシスト自転車の機構を利用したモーターアシストタイプとか。

標準的な車椅子の構造と各部の名称

●車椅子

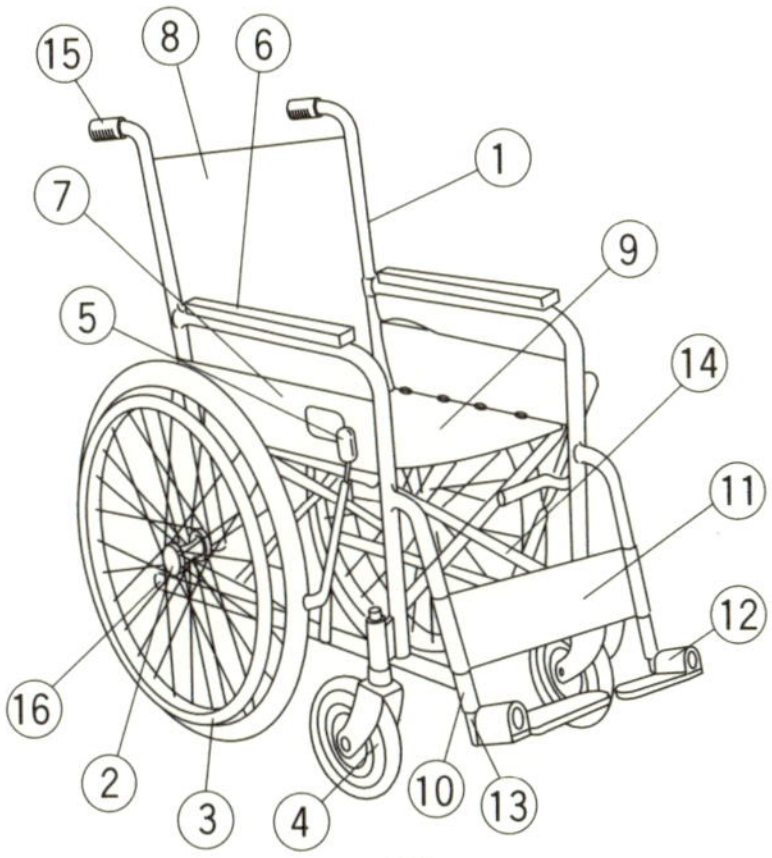

●電動車椅子

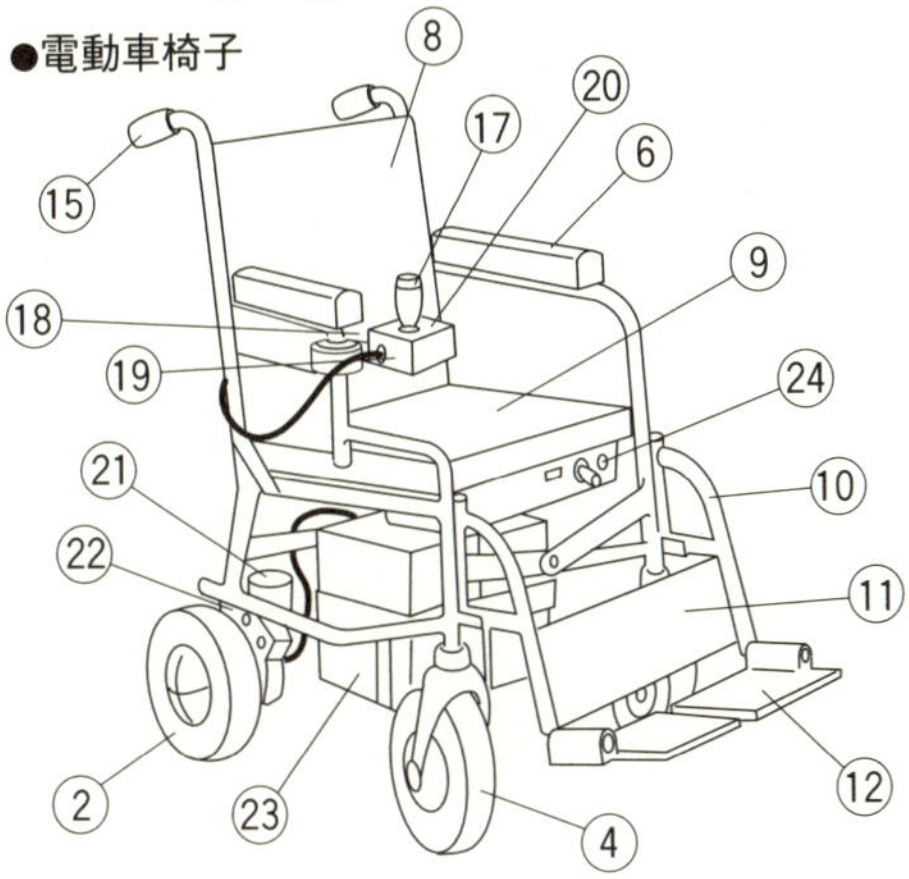

① フレーム
② 駆動輪
③ ハンドリム
④ 自在輪(キャスター)
⑤ ブレーキ
⑥ 肘あて(アームレスト)
⑦ スカートガード(側当て)
⑧ 背もたれ(バックレスト)
⑨ 座(シート)
⑩ フットレスト
⑪ レッグレスト
⑫ フットプレート
⑬ フットプレート調節ボルト
⑭ クロスパー
⑮ 握り(グリップ)
⑯ ティッピングレバー
⑰ コントロールレバー
⑱ 電源スイッチ
⑲ コントロールボックス
⑳ バッテリーメーター
㉑ モーター
㉒ クラッチ
㉓ バッテリ
㉔ 充電器

Q9 車椅子を利用している人にとって、現在の街はどこが不便ですか

街で車椅子を利用している人をよく見かけますが、今の街は車椅子を利用するには「障害物」だらけだとよく聞きます。どんなところがいけないのでしょうか。

街で車椅子を利用している人と出会ったら、ためしに一緒に歩いてみるといい。今まで気づかなかった街のあり方が見えてくるはずである。そしてそれがわたしたちが日頃不便に感じていることだったりもする。

まず直面するのが歩道の狭さだろう。繁華街《はんかがい》では放置自転車《ほうちじてんしゃ》のうしろをかわしながら歩くことになる。時には、歩道を進むのをあきらめて、車道を進む場合もあり、その結果、車にはねられる死亡事故も発生している。そんな狭いところを無理矢理に追い抜いていく歩行者がいる。少し広いところで止まって待っていてくれればいいのにやってきて、体を自転車と自転車の間にいれてやり過ごす人がいる。そして、本人は意識しているかどうか分からないけれど、総じて眉間《みけん》にしわの寄った「迷惑顔《めいわくがお》」になっていることが多くて、すこしかなしい思いがする。しかしながら、わたしたちがたとえば雨の日に狭い歩道ですれ違いざまに傘のしぶきを浴びて不快な思いをして、腹いせにそこに置いてある自転車を蹴っとばしたりしているのと同じ不便さではないだろうか。

横断歩道で待っていると、後から来た人が車椅子の前へ前へとまわり、人の壁ができあがってしまう。また、広い道を渡ろうとすると、まだ渡りきらないうちに信号の点滅《てんめつ》が始まり、焦《あせ》ってしまったりする。

そのほかにも、ちょっとした段差や、狭い通路（車椅子も「車」だから、「回転半径」を意識しなければならないのだ）など、考えてみると、私たちが「狭いなぁ」と感じたりするところが、車椅子にとっては障壁《しょうへき》となるわけだ。わたしたちがする「我慢《がまん》」が、車椅子にとって暮らしにくい街をつくっているのである。

逆のこともある。スロープを上っていった先のドアを小学生くらいの少年が押さえてじっと待っていたとき、エレベーターの乗降の時に一旦《いったん》外に降りてくれたりするとき、実は「健常者」どうしでもそうすれば気持ちいいのにって思うんだ。

これらは、何も車椅子に限らない。なんらかの「ハンディキャップ」をもつ人々と行動するときに見えてくるものだ。そういう意識を持つチャンスが与えられるということが、このような「通りすがりの介助」の「役得《やくとく》」なのである。

歩道の狭さ

狭さばかりではなく、商店の看板や電柱などによって通りにくくなっている。二メートルの幅があれば、車椅子同士ですれ違えるといわれている。

国土交通省の道路の構造に関する基準では次のように定めている。

歩道や通路の有効幅員（歩行者が実際に通行できる幅員）は、原則として車椅子使用者等のすれ違いを確保するために二メートル以上（自転車歩行者道にあっては三メートル以上）とし、歩行者等の交通量により決定する。

高齢者又は身体障害者等の交通量や通行の状況に配慮する。

有効幅員内には、電柱、看板等は原則として設けない。

狭い通路

簡単に判断するには、両手を腰にあて肘を広げた幅を目安にすればいい。

Q10 車椅子を利用している人と歩道を歩くときにはどうすればいいのですか

車椅子で「一人歩き」をしている人と街で出会いました。介助をしようかと思うのですが、一緒に歩道を歩くときに知っていたほうが良いことは何かありますか。

では、車椅子を利用している人に出会ったらどうするのか。いつものことではあるが、その人にとって必要であるか否《いな》か。それから、自分に時間があるのかどうかを考えなければならない。「自分に時間があるか」というのは、車椅子の介助の場合、気が急《せ》くことによって「事故」を誘発《ゆうはつ》しかねないことがあるからだ。そのあたりのことは後に述べる。

車椅子を使って「一人歩き」をしている人の場合、平坦部ではそれほど手を貸すことがないことが多い。だから、「お手伝いすることはありますか」と声をかけて何もないようであれば、まあそれでおしまい。ただ、進路が自転車や看板《かんばん》で狭くなっていたら先に行って広くしたり、空き缶が転がっていたりして車椅子が進む妨《さまた》げになっていたら拾うなり、そういったことが必要になる。坂道でも、中にはリハビリを目的に坂道を上っている人だっているわけで、相手の都合を聞かずに押すのは「大きなお世話」である。

手動の車椅子を利用している人と共に歩くとき、車椅子を押すときには、後ろのグリップを軽く握って、自分が普段歩くようなペースで歩く。見た目には平坦であっても、歩道

お手伝いすることは

もっと適切な声のかけ方がないか、この数年考えているのだが、なかなか思いつかない。

などには水はけをよくするために傾斜がついていたり、凹凸《おうとつ》があったりするので、慣れないうちはまっすぐ進もうと手のひらに力が入りすぎて手首や腕が痛くなるかも知れないが、経験するうちにだんだん慣れてくるだろう。少し車椅子が振られるなと思ったら、歩くペースを緩《ゆる》めよう。

一見簡単に見える交差点の横断は、実は想像以上に難しい。まず、歩道から車道への傾斜部分。車椅子が暴走しないようにしっかり車椅子を押さえる必要がある。そしてゆっくり降りていくと、車道部分との境の「登り」の傾斜にいきあたる。ゆっくりと降りないと、この境界の所でいきなり前輪が止まってしまって、座面からずり落ちそうになったり、最悪の場合転倒《てんとう》してしまうこともある。なお、傾斜が急な場合は、後ろ向きに降りた方が車椅子からの転落が防げて安全だ。そして、車道と排水溝の境界の所の舗装《ほそう》の切れ目では、ティッピングレバーに足をかけて軽く前輪を上げて通過する。(前向きに歩いて段差を越えるときには、前輪を上げて通過するのが基本である) 最近は少なくなってきたが、歩道と車道の境が段差になっているときには、後ろ向きになって接近し、段差の角の所に車輪が常に接しているように注意しながらゆっくりと下に降りよう。

段差があるところを通過する場合には、常に段差と車椅子が直角になるように注意する。片方の車輪だけがその段差にあたってバランスを崩《くず》し、乗っている人が投げ出されのを防ぐためである。また、歩道など、障害物で狭くなったところを通過するときに車椅子を利用している人のつま先をその障害物にあててしまうことがあるから、少し手前から障害物

ティッピングレバー
　車輪の内側にのびている。車椅子によっては短かったりなかったりするから、そういうときにはどうすればいいか確認する。

を回避《かいひ》し始めるようにしたほうがよい。

車椅子を利用している人と一緒に歩いていて、前方の障害物をどかすといったことのために車椅子から離れるときには、必ずストッパーをかけよう。そして、「ストッパーをかけました」と告げることも必要。なれてくると、車椅子を後ろ向きに進めて障害物をどかし歩けるようにもなる。

「思っていたよりも大変なんだなぁ」っていうのが、いままで自分が平坦だと思っていた街中を歩いてみての感想になるはずだ。

ストッパー
タイヤに直接ブレーキシューを押し当てるものが多い。これも、一般的にはタイヤのすぐ横に操作レバーがついているが、足で踏み込んでかける場合もある。

車椅子を後ろ向きに進めて
この動き方を好まない人もいるから、気をつけた方がいい。

Q11 駅の階段で車椅子を利用している人が立ち止まっていましたが

駅の階段の前で、車椅子を利用している人と介助の人が立ち止まっていました。介助の人一人の手に負えないことはわかるのですが、手伝えることはありますか。

ここ数年の最も大きな変化は、交通機関のバリアフリー化だ。二〇〇〇年には「交通バリアフリー法」が施行され、一定規模以上の駅の新設や改築時にはバリアフリーの設備をもうけることが義務づけられたし、自治体などの助成制度を活用して、既存《きそん》駅のバリアフリー化も進んでいる。

そのようなバリアフリー化が呼び水となっているのか、駅や電車という交通機関で車椅子を利用している人と出会う機会も増えてきている。ただ、バリアフリー化が進んでいるとはいうものの、現在でも多くの場合、何らかの手助けが必要だ。

「バリア」の全く本来の意味である階段や段差が駅にはまだまだ多い。階段を上り下りするときには、手動車椅子の場合でも四人の介助が必要だ。だから、介助者が一人ついていたとしても、そのほかに三人が手助けしてくれないと困ってしまう（まれに、三人で昇降したり、二人でやってしまう介助者もいるが、それぞれの「経験」と「人間関係」による）。駅員のサポートが基本ではあるが、最近は人員削減《じんいんさくげん》の影響で、駅員

交通バリアフリー法
正式名称は「高齢者、身体障害者等の公共交通機関を利用した移動の円滑化の促進に関する法律」

一定規模以上
一日の乗降客数が五〇〇〇人以上、高低差が五メートル。

呼び水
井戸などのポンプの水を導くためにはじめに注ぎ込む少量の水。これ、実感を伴ってわかる人は少ないだろうな。で、比喩的に物事を引き起こすきっかけのこと。

の数が足りなかったり、来るまでに長時間待たされることもある。そういうときこそ「通りすがり」の人々の出番である。ただし、体力的に自信がない人は、無理をせず、介助者の荷物を持ってあげたりするような、自分の腕力に見合ったことで十分だ。

階段では、車椅子を利用している人が常に「上を見る」姿勢をとる。すなわち昇りなら前向き、下りなら後ろ向き。これは、車椅子から転落した場合、一番下まで転げ落ちてしまわないようにという用心のためだ。そして、車椅子の前の方の二人はフットレストのあたりのフレームを、後側の二人はテッピングレバーを持つといい。車輪は、バランスを崩したときに回転してしまうおそれがあるし、車輪自体がいたむ場合があるから持ってはいけない。また、グリップやフットレスト、肘掛けも、車椅子によっては着脱式や折り畳み式になっているものがあり、安全ではない（手を添える程度であればよい）。いずれの場合にも、どこを持つかは車椅子を利用している人か介助者の指示に従えばいい。そして、息を合わせて持ち上げる。この時、準備が十分でないときにつられて、あるいは他の人のことを気にしてすぐに持ち上げようとせず、十分握り位置が定まるまで待ってもらわなければならない。また、階段の踊り場は通過するのか一旦下ろすのかも確認が必要だ。もしも持ち上げていて不安があれば、踊《おど》り場で一旦下ろすように告げればいい。そして、階段を通過し終わったら、階段部分の二メートルほど先まで行って下ろせば、後から来る人の妨《さまた》げにならない。

階段の上り下りでは、わずかずつでも自分で上れる人は車椅子を降りて上り、介助

持ち手の位置

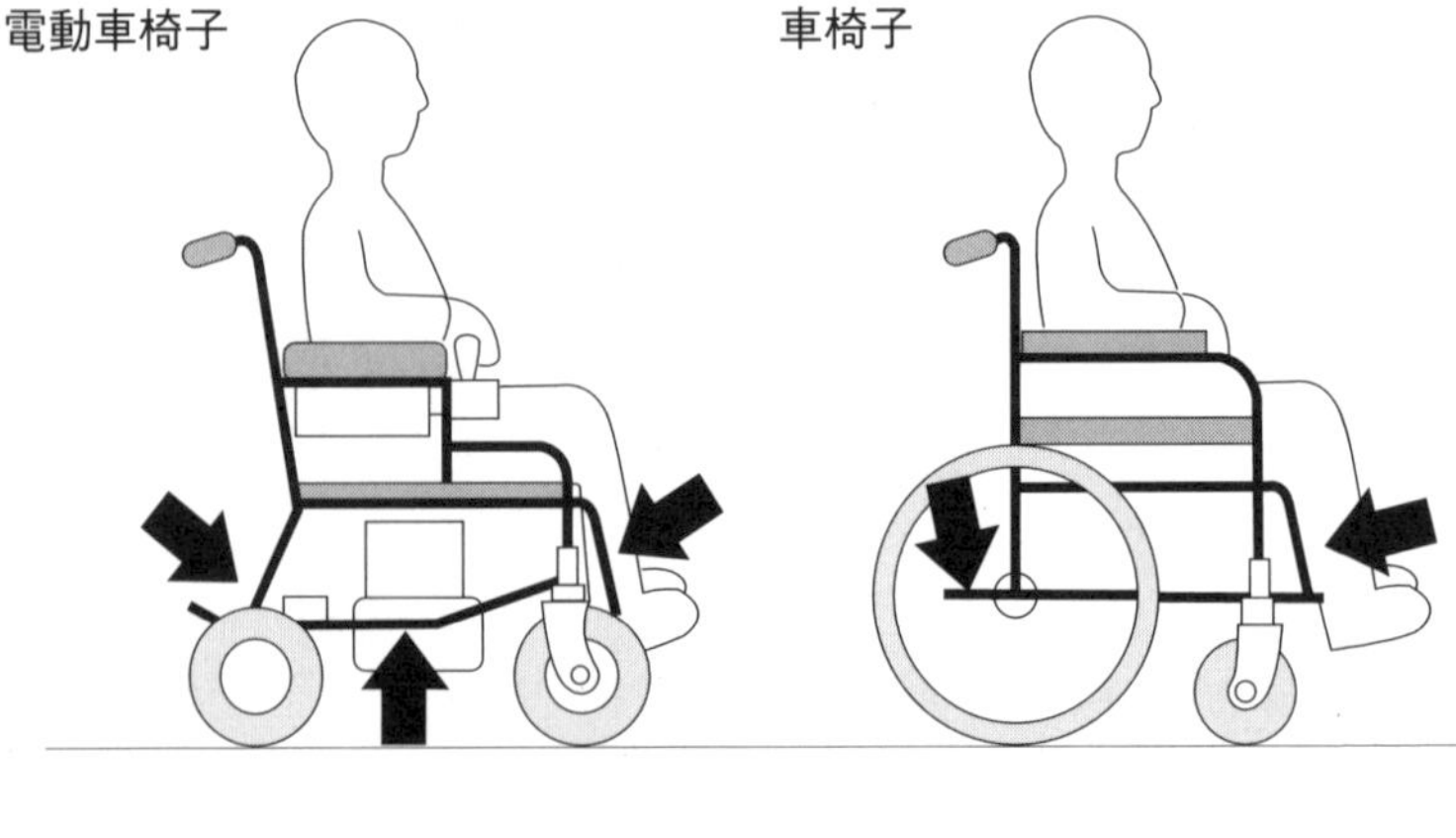

者が車椅子を持って上がったり、介助者が「おんぶ」して階段を昇降したりということもある。このようなときにも手伝えることがないか一声かけてあげてほしい（何度も言うけど「結構です」言われたら特に必要ないってことだ）。

階段の昇降では、転落すると生命にかかわるから十分に注意したいけれど、やってみると案外簡単だ。

常に「上を見る」

私の知人は、「後ろ向きに階段をおろされるのは怖い」という。また、頸髄損傷などで「首が据わらない」人にも辛い場合がある。だから、エレベーターが必要なんだよね。

Q12 電車に乗るときにお手伝いしたいのですが

電車に乗るときには、ホームと電車の間に隙間があったり段差があったりするので手伝ったほうがいいように思うのですが、何をすればいいのでしょう。

電車の乗り降りであるが、これがなかなか面倒《めんどう》である。

まず、どこに乗るかということだ。JRではとかく「一番後ろ」に乗せようとする。「もしものことがあったとき、すぐに車掌が対応できるから」と言われる。「もしものこと」っていうのが一体何を指すのかがよくわからない。大体、ホーム上には人も障害物も多いからあまり移動したくないのだが……。これも、いろいろな考え方があるのだろうが。

最近製作された車両には、数人分の座席を取り払って「車椅子用スペース」が確保されている。低い位置の手すりのほか、車両によっては乗務員への通報装置、車椅子固定用具が備えられている。ただし、その位置は会社や路線によって異なっていて、JR東日本は運転台のある車両の、運転台と反対側の端部、営団地下鉄は両端から二両目、京成電車は運転台のすぐ近くで、編成の組み方によって一列車に二～四カ所と、思い思いに作っているから、偶然《ぐうぜん》そこに行き会わなければ使えない、ということにな

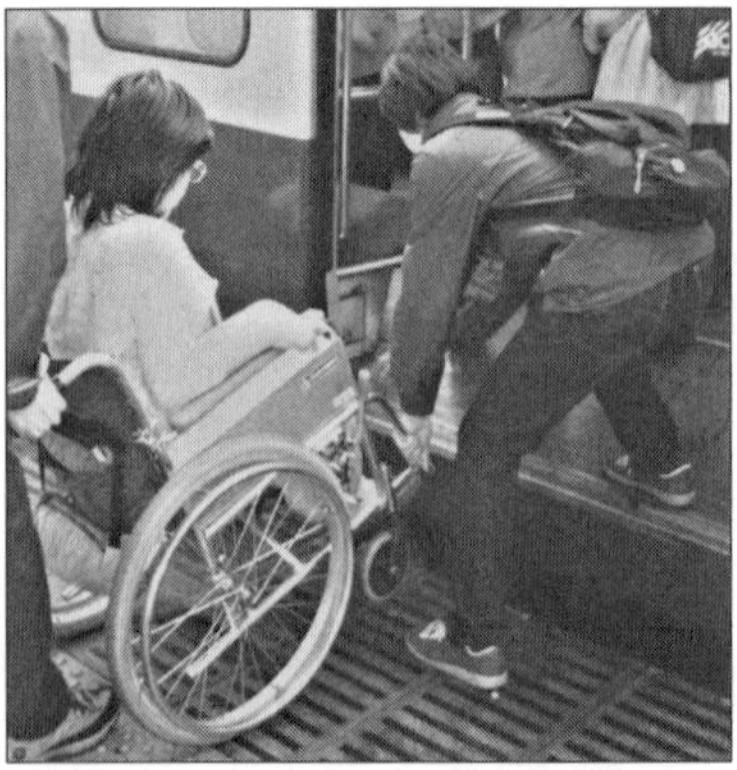

前輪を持ち上げ

駅によっては電車とホームの段差がかなり大きいところもあり、たいへんであ

ってしまう（ホームに表示されている場合もあるが）。

さて、ホームで電車を待つときには、乗車目標のすぐ前ではなく、すこしよけた位置で待つ。降りてくる人が通りやすいようにである。そして、車内の、ドアのあたりに立っている乗客に「車椅子を利用している人が乗車しますから少しあけてください」と声をかけてから乗車する。ティッピングレバーを踏んで前輪を持ち上げ、前輪が車両に乗ったら次に後輪を持ち上げながら乗せる。この時、ドアのあたりに気が利いた人がいたら、前輪のあたりを持ってくれるってわけだ。

車内では、車椅子用スペースがある場合以外は、ドアの所にいるのが一般的である。介助者は、そのすぐ後ろか横か。これは、電車の混み具合によっても異なる。降りるときは、今度はホーム上の乗客に「車椅子を利用している人が降りますから少しあけてください」と声をかけて、乗るときとは逆に、後ろ向きに、前輪を電車の床につけて、後輪を浮かせてホームにゆっくりと降りる。このときあわてると、介助者が足を踏み外すこともあるから意識してゆっくりと動いた方がいい。そして前輪を浮かせたまま少し下がってから、人混みを避けて「もとの姿勢」に戻る。そして、階段に来ると前章の繰り返しになるのである。

ところで、電動車椅子を利用している人と電車に乗る場合であるが、これは少し経験を要する場合がある。電動車椅子はその構造上、基本的には人が押すことを想定してつくられてはいない。オートバイでギアが入った状態といえばわかってくれる人も

気が利いた人
本書の目的の一つは、みんなで気が利いた人になろう、ということでもある。

人混みを避けて
旋回《せんかい》するときにフットレストが他のお客さんの向こう脛を直撃することがあることがあるから要注意

いるだろう。電車の乗降の場合には、だからギアを抜いた状態にして手で押す（または引く）ようにしたほうが安全である。ただし、一〇〇キロもの重量になるから、決して無理をしてはいけない。他の乗客などにも手伝ってもらったほうがいいこともある。ギアを解除したりするときには「ギアを抜きます」「ギアを入れました」と本人にちゃんと伝えなければならないし、特にギアを入れるときにはきちんと入れないとモーターが片方しか回らなくなって事故を起こしてしまうこともあるから注意が必要だ。また、最近は外国製の電動車椅子を利用している人もいて、ギアの位置や解除の仕方の仕組みもいろいろとあるので確認が必要である。

電動車椅子で電車に乗る時には、駅の係員も手伝ってくれるから、六人くらいで持ち上げてしまう。降りるときには、もし駅の人がすでに待機していたら持ち上げて降りるし、そうでなければギアを解除《かいじょ》して、手動の時と同様にして降りる。これがなかなか力技《ちからわざ》だから、無理はしない方がいい。無理をすると重さに耐えかねて、電車とホームの間に車輪を落としてしまうことにつながる。いずれの場合にも、本人との十分な意思の疎通《そつう》が必要だ。一度、昼過ぎの総武線で、一人で乗ってきていた電動車椅子を利用している人の「降車介助」をやって、またその電車に戻ったら、見ず知らずの女性の人が降りがけに「さっきはとってもいいものを見せてもらった」と声をかけてくれたことがある。とっても照れくさかったけど、なんていうか、小学生がおつかいに行ってほめられるみたいな嬉しさがあるんだな。

二〇〇〇年に全面開業した都営地下鉄大江戸線などでは、電車とホームの段差が小さくて、電動車椅子を利用していても特に問題なく電車の乗降が可能だ。このような路線が増えていけば、車椅子利用者の行動範囲が広がっていくだろう。

もっと電車に乗りやすくなればいいのにな、と思いながら、「設備改善」されるまではぼくらが通りすがりに手伝うことも必要だと感じている。

都営地下鉄大江戸線

練馬区光が丘から都庁前、麻布、築地、両国、飯田橋などを経て新宿に至る、6の字を描くように走る路線。国土交通省では『大江戸線全線開通ケースから見たバリアフリーの社会的効果に関する調査研究報告書』を二〇〇一年十一月に刊行している。

Q13 平坦な道などでも危ないことがあると聞いたのですが

一見平坦に見える歩道や電車のホームも、微妙な傾斜があったり、ほんの少し段差があるそうです。車椅子を利用している人にとって危険だと思いますが。

車椅子を介助しているときに、気をつけなければいけないことがある。その多くは、傾斜や段差にかかわることである。

案外忘れがちな、しかしながら最も重要なことは、車椅子を利用している人は「足の踏ん張り」がきかないことが多いということである。また、中には体幹部《たいかんぶ》を維持するのが困難な人もいる。これは、車椅子を押して歩く場合、十分に留意《りゅうい》しなければならない。わずかな衝撃《しょうげき》によって転倒したり車椅子から放り出されたりする危険がある。

一九九五年一月の阪神大震災で西宮の避難所で一晩「ボランティア」をしたときのこと、夜半に、年老いた女性が三九度の高熱だったので、近所の総合病院まで自動車で送っていった。病院で備え付けの車椅子に乗ってもらって、駐車場から玄関の方へ向かったとき、わずか二センチほどの段差を右側の前輪で斜めに横切ろうとした衝撃で、車椅子はバランスを崩し、危うく転倒するところだった。気がせいた状態での介助では、往々にしてこのようなことが起きるのである。

体幹部
いわゆる「胴体」の部分。

阪神大震災
一九九五年一月一七日午前五時四五分に発生した「兵庫県西部地震」によってもたらされた大災害。全国からたくさんの人が駆けつけ「ボランティア元年」なんていうふうにもいわれた。これを契機に、NPO（非営利活動組織）活動への理解や認知が進んだといわれている。

駅のホームなどでは、水はけをよくするために、線路側にわずかな傾斜をもたせている。ほとんど気づかぬようなその傾斜が、実は大きな影響をもつのである。一九九二年五月、JR西日本・岡山駅で、車椅子をこいで移動中の女性が線路に転落して死亡した。この駅では、ホームの傾斜が運輸省（当時）の基準の一〇倍に当たる約六度あって、それに「足をとられて」の転落である。この事故についてJR西日本は、ホームは危険な状態ではなかったと主張している。確かに、多くの利用者にとっては危険が存在しなかったかもしれないが、それをすべての車椅子の利用者にとって安全であると考えることは、障害者の「個別性」を無視しているものである。また、二〇〇二年七月には、JR東日本の駅で、車椅子利用者の介助をしていた係員がストッパーをかけないまま他の作業のために傍を離れ、車椅子が逸走、転落する事実が発生している。

車椅子に乗って鉄道を利用しようとするとき、駅員の多くは最後部に乗せようとする。「もしものことがあったとき、すぐに車掌が対処できるように」だと説明を受ける。しかし、最後部から目的の出口までの間に、ホーム上の人の間を抜け、売店や跨線橋《こせんきょう》などで狭くなったところを通過するので、むしろ「もしものこと」が起きやすくなってしまうという矛盾もある。

歩道でも、水はけを良くするためにわずかながら排水溝に向けて傾斜がつけられている。電動車椅子を利用している人が、段々歩道の端に寄っていってしまってヒヤリ

ボランティア

これも、適切な用語を思いつかない。私がやった仕事は「避難所の受付・当直ほか」である。韓国では「自願奉仕」という用語が使われているらしい。

としたことがある。また、車が車道に出やすいようにと、車庫の前後はかなり急な傾斜があることが多い。この箇所は、注意していないと車道に飛び出しそうになってしまうし、車椅子を利用していない歩行が不自由な人にとっても危険だ。

電車の乗降や階段の移動などでは、皆「転落事故」を気にするから慎重になるけれど、実は一見「平坦」に見えるこのようなところに大きな事故の芽がかくれているのである。

Q14 車椅子を利用している人にとって踏切は安全ですか

踏切を車椅子で渡っている人がいました。自分が自転車や自動車で渡るときには感じない、なんとも表現しにくい不安感があったのですが。

車椅子を使って外出するときに何よりも怖いのが踏切《ふみきり》である。道路の交差点であれば、青信号で横断を始めて途中で信号が変わっても自動車のドライバーが待ってくれるのがふつうだが、踏切ではそうはいかないからだ。また、踏切のレールと道路面の隙間《すきま》に車椅子の前輪がはまってしまうこともある。そうすると、単独での脱出が困難である。かつては、国鉄の複々線区間などの大きな踏切には安全確保のための係員が配置されているのがふつうだったが、国有鉄道から民営化する一連の動きの中で、現在ではほとんどの踏切が無人（自動）化されている。

余談を二つ。世の中の動きの中で「自動化」「合理化」といった考え方ほど、あこがれをもって受け入れられるものはないのではないか。しかしながら、結局は今まで誰かがやってくれていたサービスを自分たちで受け持つことになるのだから、本当は利用者はあまり得をしていないっていうことだ。そして合理化といってそれまでの「サービス」が省略されたとき、その省略されてしまった部分を自分で補えない人が、「本

レールと道路面の隙間に車椅子の前輪がはまってしまう
この状況を上手に使ったのが、一九七九年に放映されたNHKのドラマ「男たちの旅路〜車輪の一歩」（脚本・山田太一）だ。知人に誘われてはじめて外出した女性が、その途中に踏切に閉じこめられてしまう。電車は迫る…。まだ「交通の権利」はおろか「社会参加」も理解されていなかった頃の、意欲作であった。

合理化
主に人がやっていたことを機械化して人件費を抑制するというようなときに使われる用語

来のサービス」からも遠ざけられてしまうのだ。

それから、有人だった踏切というのは、電車の本数が多くて必然的に待ち時間も長い。で、無人化を契機に踏切の警報を無視する人が増えたらしい。そんな中、「監視中」という標識を掲げた踏切が見受けられる。詳しくは調べていないが、これは安全確保のために監視をしている（だから、未然に電車を止める）というのではなく、強行突破の犯人探しに使われているようである。

閑話休題《かんわきゅうだい》。

踏切を車椅子を利用している人が渡っていたら（そして、これは車椅子利用者に限らず、もっと広い範囲の歩行が困難な人といってもいい）、安全に渡りきれるかどうかを気にかけていたい。もちろん、自分が歩きなのか自転車で通りかかったのか、自動車を運転中なのかで「気のかけ方」は異なるものである。そして、横断中に警報機が鳴り出して、これは横断しきれないなと思ったときには、次のようにしたい。

1. 道路左側（つまり、後《あと》から降りてくる側）の遮断桿《しゃだんかん》を支えて、通り抜けられるように通路を確保する
2. もし、他に人がいたら、通路の確保をしてもらい、サポートをする。この時、車椅子の前輪を浮かせて押す方が、線路にはまることがなくて安全である。
3. 万一、踏切内に閉じこめられてしまったら、躊躇《ちゅうちょ》なく「非常ボタン」を押して列

車を停止させる。

4．列車が来る線路を知らせて、それと逆のほうから踏切外に出るように指示する。

5．どうしても踏切外への脱出が困難な場合には、線路内に機器箱などがあったら、それに身を寄せてもらう。この場合、通過する列車の風圧で車両に巻き込まれたりすることのないように身を低くしたり何かにつかまったりすることが必要である。

踏切の安全要員の「合理化」にともなって、踏切内に車両などが残留したときには自動的に非常信号が点滅して乗務員に知らせる装置が設置されるようになっているが、これらはあくまでも自動車用であって、歩行者が取り残されたときにはほとんど役にたたない。だから、しょうがないから自分たちで身を守るしかないわけだ。もし、「非常事態《ひじょうじたい》」に遭遇《そうぐう》したら、ためらうことなく非常ボタンを押すなどして列車を止めてしまいたい。本当は、踏切の中に「避難帯《ひなんたい》」と非常ボタンがあるといいのだが。

また、ちょっとした発想の転換になるのだが、踏切に取り残されたときには、無理に踏切外に出ようとしない方がいいのかも知れない。もちろん線路上にとどまったら轢《ひ》かれちゃうけど、線路内の機器箱などに身を寄せた方が、遮断桿《しゃだんかん》をくぐろうとして時間をとるよりも「安全」ではないのか。鉄道の線路には「車両限界」「建築限界」といって、車体が決して通らない空間が確保されている。その範囲を明らかにして、「安全地帯」として確保できれば、防げる踏切事故もあるんじゃないかと思うのだ。

Q15 車椅子に乗ったまま乗り降りができる車があると聞きましたが

車椅子を利用している人の送迎サービスが各地で取り組まれているそうですが、簡単に運転できますか。また利用する際の手続きはどうなっているのですか。

街中で、車椅子マークを貼《は》った救急車サイズのワゴン車に、車椅子を利用している人が乗っているのを見たことがあるのではないだろうか。車椅子のまま乗れるこの車は「ハンディキャブ」と呼ばれている。ぼくも大学生の頃からドライバーを頼まれて運転する機会が多い。

ワゴン車の後部に、車椅子を持ち上げるリフトが装備されていて、車椅子に乗車したまま車内に乗り込むことができる。座席（通常のワゴン車の荷台部分）には、車椅子を固定するための器具が装備されており、備え付けのベルト等で固定すれば、車椅子に乗ったままでも安全に乗車していることができるのである。

ハンディキャブの運転を頼まれると、日頃乗用車しか運転したことのない人の多くはその車体の大きさに難色《なんしょく》を示す。日頃からワンボックスカーやトラックを運転し慣れていると気軽に引き受けられるだろう。いずれも、「内輪差《ないりんさ》」やそのような類の「車体の取り回し」に対しての慣れ不慣れが、引き受けるかどうかの判断基準になるよう

救急車程度のサイズのワゴン車

そのほかにも、軽自動車からマイクロバスまで、種類は多い。近年は、自家用車としても普及が進んでいるようである。

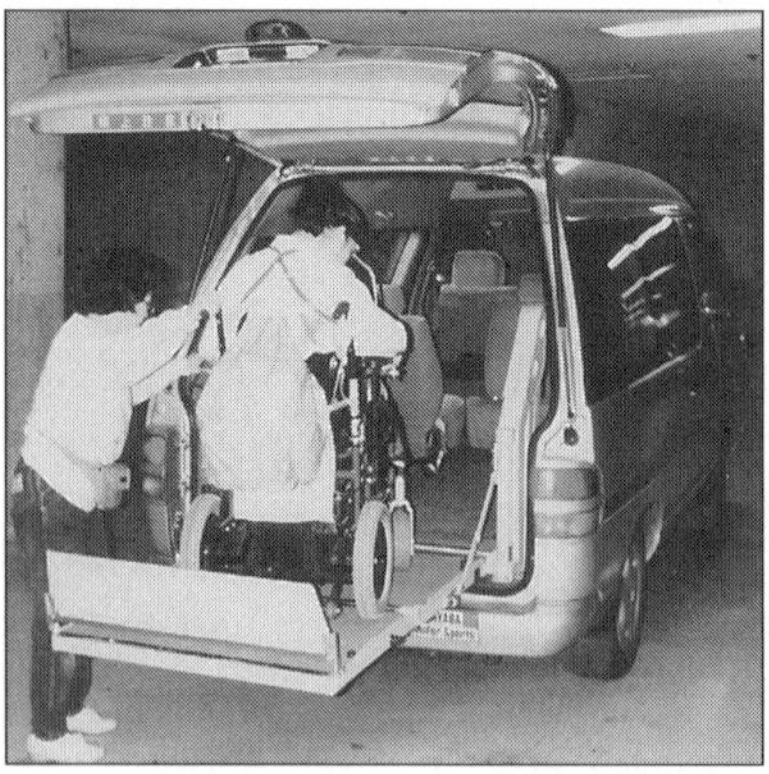

だ。しかしながら、このようなことはすぐに慣れてしまうから、車の運転自体はそれほど難しいわけではない。

ハンディキャブの運転で最も気をつけなければならないことは、乗車している車椅子を利用している人が、バランスを崩《くず》して転倒したり車椅子から放り出されたりしないようにすることである。特に留意しなければならないのは、車椅子を利用している人は脚の踏ん張りがきかなかったり、人によっては体幹部を維持することが困難で（→Q13）、急な加減速や強い遠心力に体を支えきれないことがあるということである。

手動の車椅子の場合、重心が比較的高いところにあるから、急ハンドルを切ると遠心力の影響で、乗車している人がバランスを崩《くず》したり、固定が不十分だと車椅子の車輪が浮き上がってしまうことがあり、いずれも転倒の危険がある。減速もそうで、強いブレーキを踏むと座面がずれてしまったりする。これは、シートベルトを締めることである程度は防げるが、車椅子から転落してしまうと大きなけがをすることになる。

ハンディキャブを運転する際に一番気をつかわなければならないのは、加減速とカーブや交差点を通過するときの速度である。加減速は、なるべくおだやかなほうがいい。特に減速は先に述べたような理由から充分な注意が必要だ。なんとなく「交通安全運動」のときの心がけじみてくるけれど、車間距離は十分にとること、信号機のある交差点に接近したら心持ち減速し、前の車との車間距離を広くする。乗用車と同様の急減速ができないからだ。また、道路の凹凸《おうとつ》部分を通過するときにはその手前で充

急な加減速や強い遠心力

特に、交通量の多い交差点で右折をするときが要注意。焦って、アクセルを踏み込みすぎたり、横断歩行者の発見が遅れてきついブレーキをかけたりしがちだ。

車間距離は十分にとる

そうすると、割り込んでくる車があるんだけど、そういうときも焦ったり、むかついたりしないこと。

分に減速する。これも、前を行く車両の揺れ具合を見て速度を調節する。この場合、その凸凹《でこぼこ》の部分では、加速も減速もしていないぐらいがちょうどいいようである。

もしも急減速などの原因で、座面がずれたり車椅子が不安定になってしまったら、あわてずに車を道路の安全なところに停車させる。もちろん、ハザードランプ（非常点滅灯）も点灯させ、後部のドアを開けて作業中であることを後続車に知らせて（高速道路の非常停車帯であれば必ずしも必要ではないかもしれない）追突されないようにする。それから固定をやりなおす等の作業を行なう。

一番重要なのは、あわてないということだ。あわてて急ハンドルを切ったり急減速をすると、着座位置から転落してしまう可能性さえあるのだから。

まだハンディキャブの運転になれないうちは、「ワンマン」で運転しないようにした方がいいだろう。たとえば急減速で座面がずれたり、話の受け答えをする余裕がなかったりというときには、もうひとりの介助者に応対してもらえば、運転に専念できるからだ。ドライバーを頼む側もそのあたりを配慮《はいりょ》してあげてほしい。そして、ある程度経験を積んで、もう一人でも大丈夫というようになったら「ワンマン」で運転介助をすればいい。

せっかくハンディキャブがあっても、ドライバーの確保が難しくて「宝の持ち腐れ」になってしまっている場合もあるという話を聞くことがある。普通免許で運転できるのだから、行政やボランティア団体が「福祉まつり」などのイベントでハンディキャ

加速も減速もしていない
加速中だと、その段差に弾かれるし、減速中だとその段差の衝撃でつんのめるような感じになる。このあたりの感覚は、むしろ鉄道で列車が工事区間を通過するときの運転に近い。

話の受け答え
特に、言葉に「障害」のある人との会話は、慣れないと難しい。

ブの運転体験の機会をつくることができれば、ドライバーの確保が容易になるのではないだろうか。

市の広報や新聞の地方版などにハンディキャブのドライバーを募集する告知が出ていることがある。そのような機会を活用して、一度経験してみたい。

参考図書

『失敗しない福祉車両の選び方―介助する人・される人、ともに幸せにするクルマ購入ガイド』山本明著、山海堂

Q16 ハンディキャブを使ったタクシーがあるそうですね

先日、ハンディキャブを使ったタクシーを見かけました。誰でも普通に使えるのですか？　また、そのようなタクシーはどれくらいあるのですか。

タクシーは、最も身近な公共交通機関だが、最近はバリアフリー化が急速に進んでいる。

「ハンディキャブ」を利用したタクシーは、以前から自治体が運行委託をしており、病院への往復などで使われていたが、制約も多かった。一九九八年、東京都で運行を始めた「京浜ボラグ」が、一般の「流し」のタクシーにリフト付きのハンディキャブを採用した。これが、実質的には日本で初めての「バリアフリータクシー」だといわれている。営業範囲が都内全域だったため、予約運行も多く、車椅子利用者のほか、婚礼や海外旅行、楽器の運搬などにも人気が高い。東京都葛飾区では、狭隘路《きょうあいろ》を通るために路線バスがなかった団地と駅の間に、ハンディキャブを使った乗り合いタクシーを運行している。ハンディキャブではないが、後部座席や助手席が回転して車外に出てきて、脚が不自由な人も乗降がしやすい車両を採用したタクシーも増えてきている。

制約
たとえば、乗車するのが居住地の市区町村に限られていて、隣接する都市の病院に行くときに復路で使えない、など。

ホームヘルパー
日常生活を営むのに支障のある高齢者や障害者などのいる家庭を訪問し、身体の介護、家事の援助、相談、助言などの日常生活についての援助（ホームヘルプサービス）をする人が取得する公的資格。

工夫は車両だけではない。ドライバーが「ホームヘルパー2級」の資格を取得して、介護保険の「家事援助」として運行をする事業者が増えてきている。ホームヘルパー2級を取得したドライバーが、介護者として、外出（通院、お買い物、散歩、墓参、行楽等）のサポートばかりではなく、自宅や外出先での介助をするというものだ。外出準備の着替え、トイレ介助、外出中での食事介助や移動などの介助を、所定の料金で行なうものだ。このようなサービスをするタクシーは「福祉タクシー」とよばれている。

このような流れのもと、従来は認められなかった軽自動車のタクシーも、「福祉タクシー」に限って二〇〇一年から認められるようになっている。「福祉限定の利用であれば走行距離も一般のタクシーと比較して短く、また、車高の低い軽自動車の特性を活かし、スロープ付き自動車を使用することにより身体障害者の乗降の利便性の向上が図られること（国土交通省通達）」がその理由である。

「福祉タクシー」は二〇〇〇年度末で一〇三三社二〇五〇台。今後も増加していくだろう。

参考図書
『介護タクシーを知っていますか』井口幸久著・角川書店

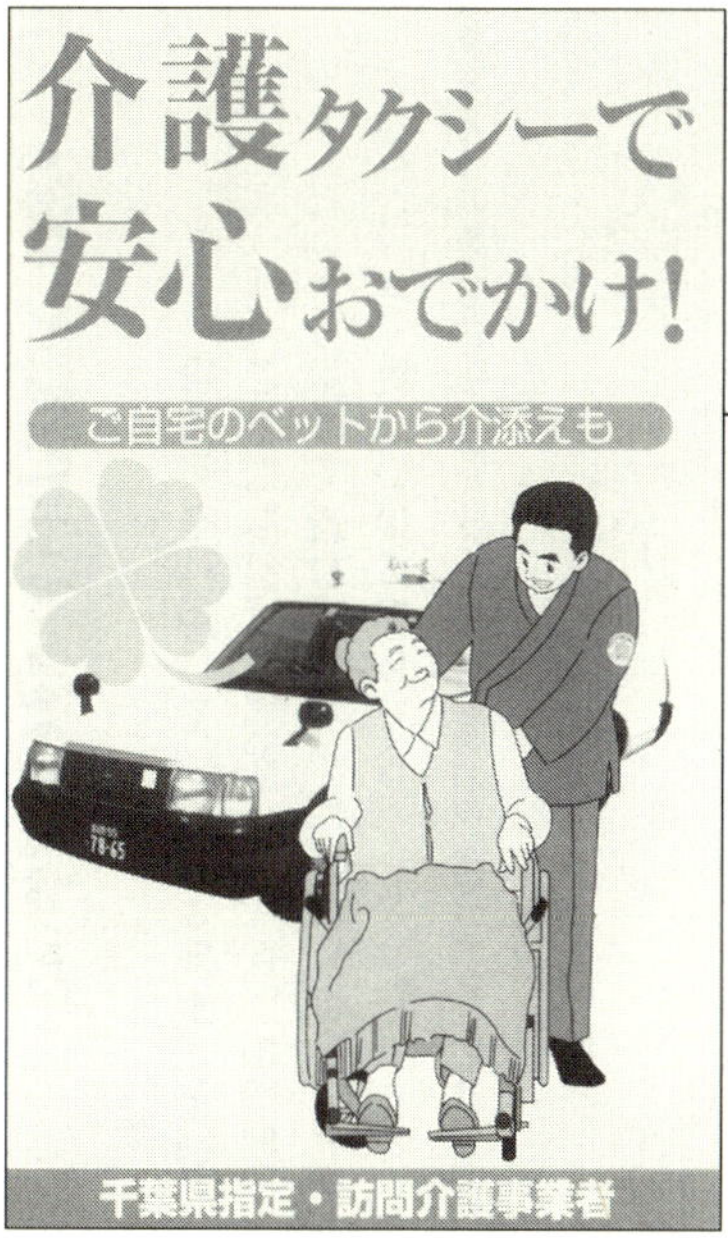

Q17 車椅子を利用している人と外出するとき、トイレはどうするのですか

車椅子を利用している人と外出、ということになれば、当然「トイレ」の問題が避けて通れません。用便の介助はどうすればいいのでしょう。

車椅子を利用している人が外出する際に最も気を遣《つか》うのが、途中や外出先に「障害者用トイレ」や洋式のトイレがあるかどうかだ。

下肢が不自由な人は、しゃがむ姿勢をとることが困難で、だから洋式便器が備えられていないと排泄《はいせつ》が困難である。また、車椅子を利用している場合、車椅子から便座《べんざ》に移動するためにはある程度の広さを必要とするため、「障害者用トイレ」という設備が必要なのである。

かつて街中には「障害者用」も「洋式」も数が少なくて、「障害者団体」などが「ハンディキャップトイレマップ」を作ったりしたものだ。ぼくが学生時代に送迎介助《そうげいかいじょ》で一緒になることが多かった、進行性の難病で歩行が困難な女性は、「そんなことを気にしてどこへも行けなくなっちゃうなんて、つまらない」と、和式のトイレでも利用するようにしていた。今から考えると、大変な苦労を強いられていたものだ。

一九九六年に「ハートビル法」が施行されて、一定規模以上の公共的建築物には

ハートビル法
「高齢者・身体障害者等が円滑に利用できる特定建築物の建築の促進に関する法律」

「障害者用トイレ」の設置が義務づけられるようになった。また、高速道路のサービスエリア、パーキングエリアと一般道の「道の駅」にも、障害者用トイレが設置されている。だから、数量的には困ることも少なくなってきた。最近は「多目的トイレ」と称して、乳幼児のおむつ交換が容易なようにベビーベッドが備えられていることも珍しくなくなったし、人工肛門《じんこうこうもん》（オストメイト）を洗浄する設備が設けられているものも増えてきている。

　障害者用トイレが出始めの頃は、施設管理者が鍵をかけて「利用者は申し出てください」とされていたり、設備が破壊されたまま放ったらかされてしまっていたり、ということが見受けられたのだが、最近はそういうことも減ってきているようだ。

　さて、実際のトイレ介助であるが、その人の「ＡＤＬ（日常生活動作）」能力によって異なる。上肢の力だけで車椅子から便器に移動ができる場合には、何の手助けも必要ない場合がある。

　男性の小用では、手すりを持てば両脚で立つ姿勢をとれる人の場合、車椅子から立ち上がり手すりを持つ手助けと、転倒防止のため排泄中に背後から身体を支えることで、普通の小便器を利用できる。また、尿瓶《しびん》を携帯《けいたい》していて、車椅子上でコトを済ませる人もいる。で、済んだら中の液体を便器に流し、清掃用具洗浄用の流しで尿瓶を洗う。たいていの場合は、このどちらかである。

　その他の時には、まず車椅子から便座に移動する介助が必要だ。イラストに示した

ＡＤＬ

　Activity of Daily Livingの略。身の回りの動作、移動動作、家事や交通機関の利用などの動作をいう。こういう略語は、似たものが多いので、覚えるのに苦労をするが、日本語訳と一緒に覚えるといい。

ように、一人または二人の介助者で身体を支えて移動する。このようなことから、男性が女性の介助をする場合も多いようだが、感情的には同性の介助者がやったほうが安心なんだろうな。

用便の介助については、だから技術的なものよりも、感情的な困難が多いのではないだろうか。慣れないうちは介助する側も介助を受ける側も、気後《きおく》れしたり恥ずかしがったり。ぼくも、つとめて「感情を凍らせて」この介助をしているのだけど、さて、その態度が「正しい」のかどうかはわからない。ただ、これも経験を重ねることで平気になっていくんだけどね。

障害者対応トイレは確かに増えたけど、まだ作り手と利用者の間にズレがあるんだと感じることが多い。それは、たとえば扉を開けると中の様子が外から丸見えになるという心地悪さ。たいていの障害者対応トイレでは、スタンバイできた後に介助者が外に出ようとすると、中が全部見えてしまう。だから、多くの場合介助者は、同じ「個室」の中で背中を向けて、コトが済むのを「だるまさんが転んだ」の遊びのように待っていることになる。カーテンが一枚あるだけで違うんだけどね。

そう、それから注意が必要なのは、入口が自動ドアのものだ。このタイプでは、中の「閉」ボタンを押すと、外で「開」ボタンを押しても反応しないものが多い。冷静に考えればある意味、当然のことだけど、介助者がうっかり内側のボタンを押して外に出て、結局、施設管理者にきてもらうまで利用者が外に出られない、なんていうこ

便座への移動の介助法

1

便座のすぐ横に車椅子を寄せて向かい合う。もちろんこの時点で車輪はストッパーをかける。

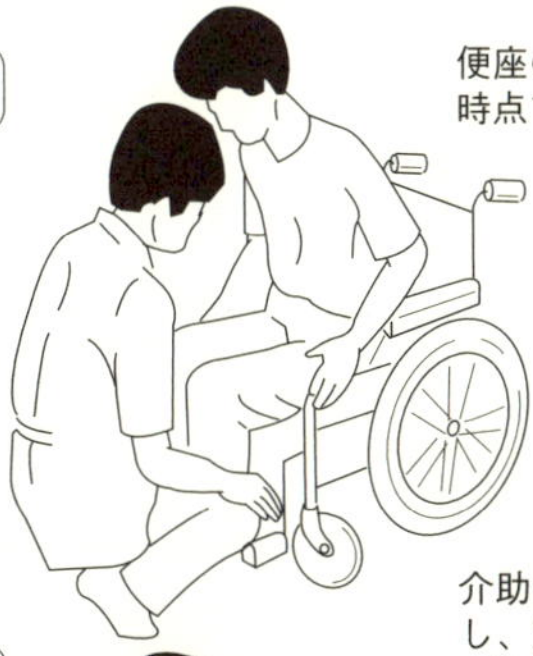

2

介助者が一人のときは手を相手のわきの下と腰の周りに回し、立ち上がる手助けをする。このとき、腰を痛めることがあるので注意が必要。二人のときは、一人は背後に回って両手のしたから胸にまわす。もう一人は、両膝をかかえる。

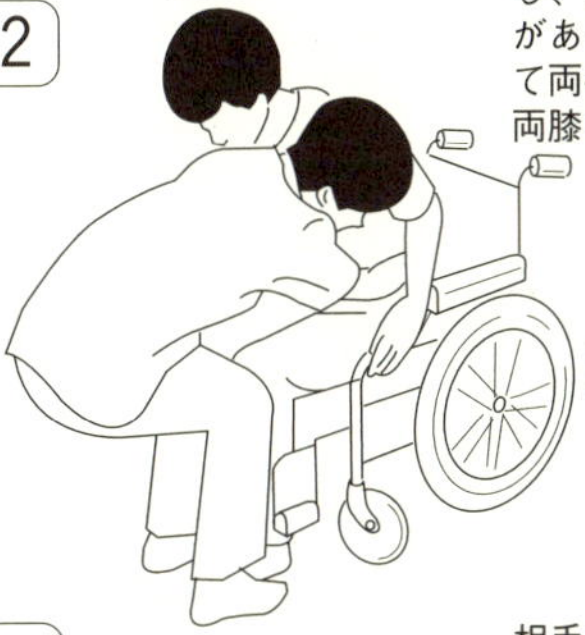

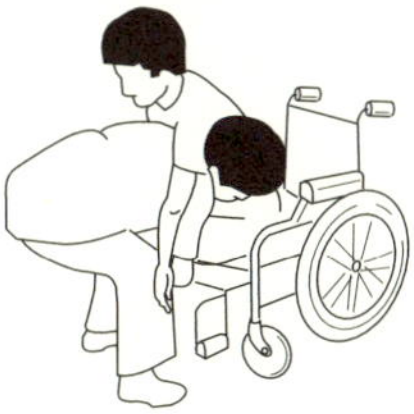

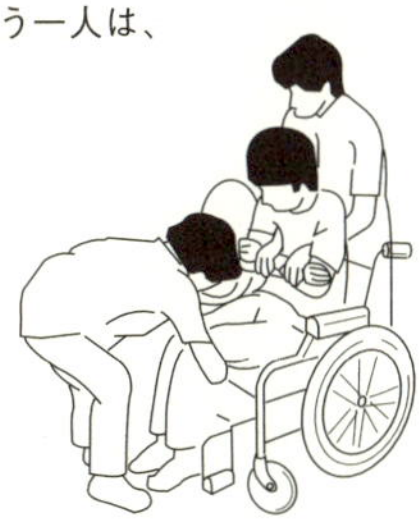

3

相手の両足を「回転軸」につかって、便座のほうに腰を向ける。このとき、車椅子のフットレストなどに足を引っかけないように注意する。介助者が二人のときは、呼吸を合わせてよっこらしょと平行移動する。

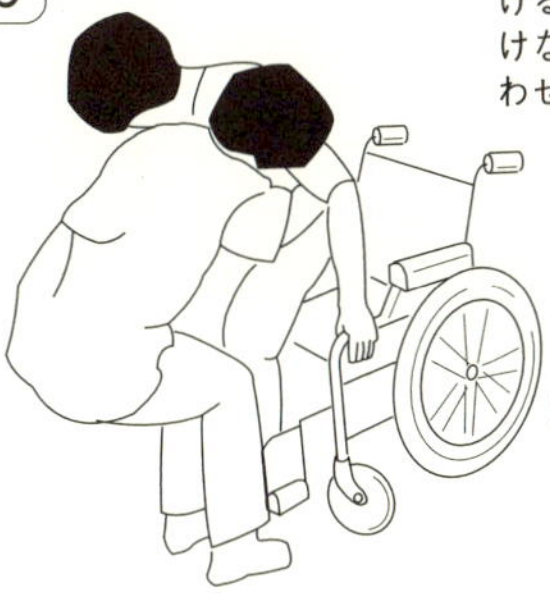

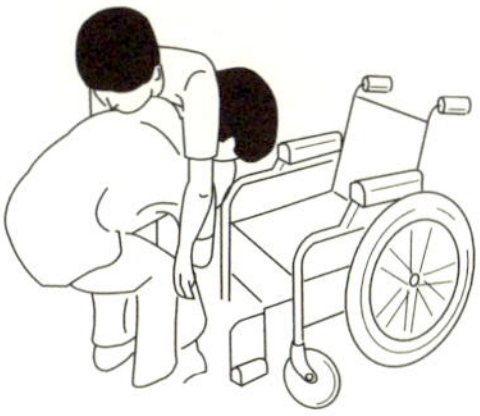

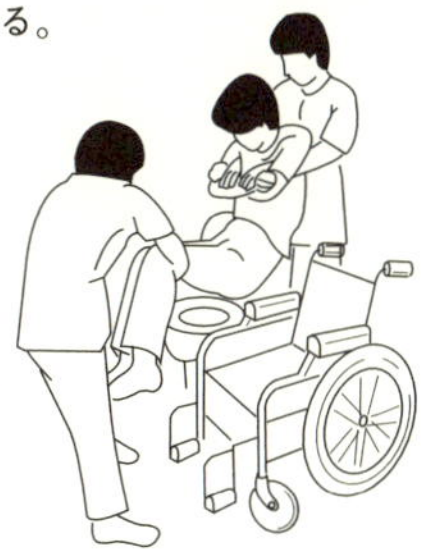

4

ゆっくりと便座に腰を下ろし、つぎに体の向きを正面にする。

ともある（そうそう、ドアのボタンと室内灯が連動していて、外のボタンで閉めるとトイレの中が真っ暗になる場合もあるんだ。結局、「だるまさんが転んだ」で待つしかないってことなのかな）。これが本当の「雪隠詰《せっちんづ》め」である。

雪隠

雪隠、厠、御不浄……。いずれも「トイレ」のことです。

Q18 車椅子を利用している人が自動車などに乗り移るときには？

車椅子を利用している人が車椅子から降りるときにはどのようなお手伝いをすればいいのでしょうか。また、どんなことに気を付けなければならないのですか。

車椅子を利用している人が、自動車に移動するとき、その人の体力的な問題、あるいはどのようなマヒがあるかというような問題により、手助けが必要なことがある。これは、介助する側も慣れや体力が必要である。

全身にマヒのある人が、自動車へ乗るときのことを説明しよう。特に、タクシーなんかを使うときにはこの介助が必要になる。

車椅子を、開いた状態のドアのところに接近させてブレーキをかける。そして向かい合って立ち、左肩（乗車するドアの側の肩）を相手のわきの下に入れる。たしかプロレス技でこういう姿勢をとるのがあったな。こうやって立ち上がる手助けをするのだが、このときに介助者が腰を痛めることがあるから注意が必要だ。そして、いわば担《かつ》いだ状態で、座席に移動する。このときに、車のドアの上部に頭をぶつけてしまうことがある。腰を下ろそうという、「重力に従った」動きの時だから、これはずいぶん痛いらしい。そして足を外に残した状態で、車の座席に腰掛けてもらう。次に足を車内に入れてから体の向きを正面にする。まあ、こういう手順である。

　降りるときはこの逆になるわけだが、降りるときのほうが狭いところでの作業となるために大変である。また、車椅子の座面に降りるときに、車椅子のバランスを崩してしまうこともあるから、慎重にやらないといけない。タクシーの乗降をするときに、乗務員が手助けをしてくれるのであれば、車椅子を支えてもらえばいいだろう。

　特に注意すべきなのは、立ち上がるときよりも腰を下ろすときに、バランスを崩《くず》さないようにゆっくりと動かなければならないということである。つまり重力に逆らった動きをしなければならないわけで、このあたりも、慣れなければ大変だ。

　実際にやってみるとなんて大変なことなんだろうと思うかもしれないが、これも慣れていくうちにコツがわかってくるのである。

乗車の介助

①

自動車のドアを完全に開き、車椅子を30度ほどの角度で接近させる。

②

相手のわきの下のところに肩を入れ……

③

腰の両側を支えながら立ち上がる。

④
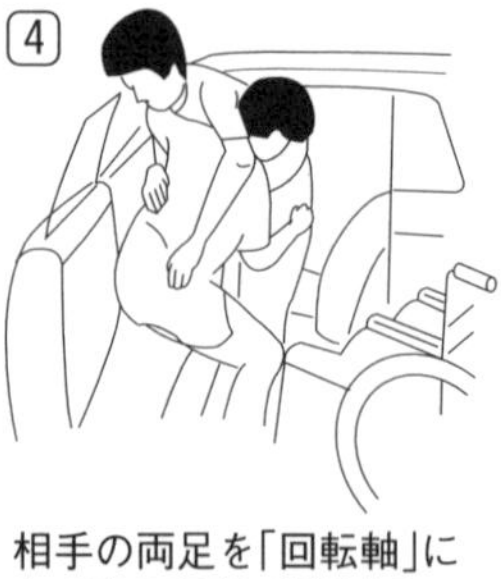
相手の両足を「回転軸」にして車の座席に接近する。

⑤
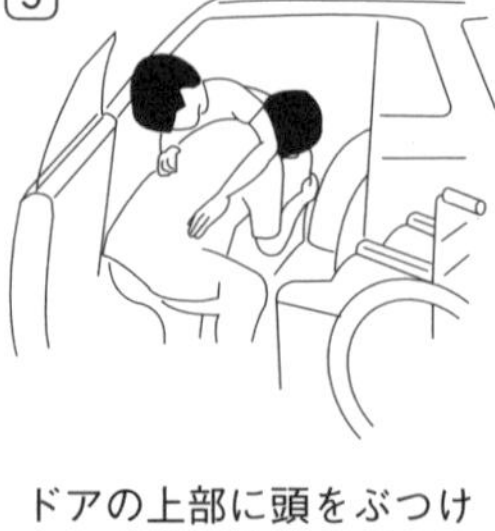
ドアの上部に頭をぶつけないように注意して……

⑥
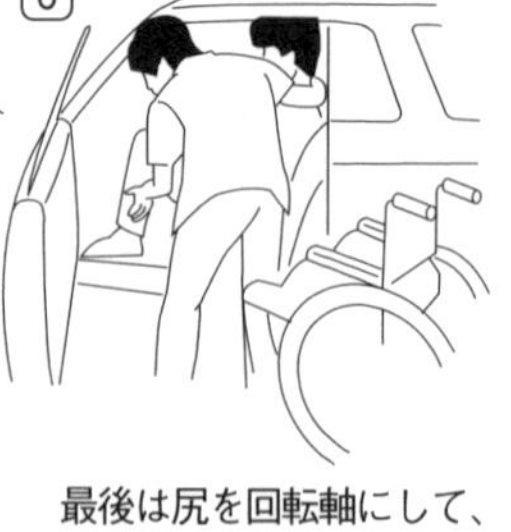
最後は尻を回転軸にして、足を車内に入れる。

車椅子の折りたたみ方・ひろげ方

ひろげ方

1. 外側に少し開く

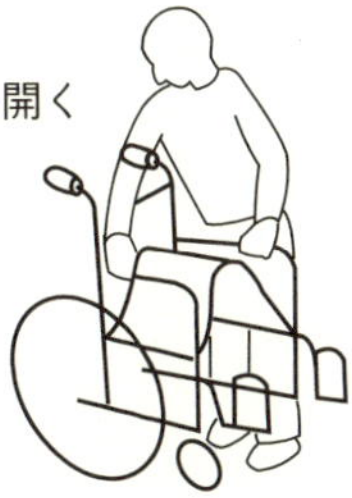

2. シートを押しひろげる

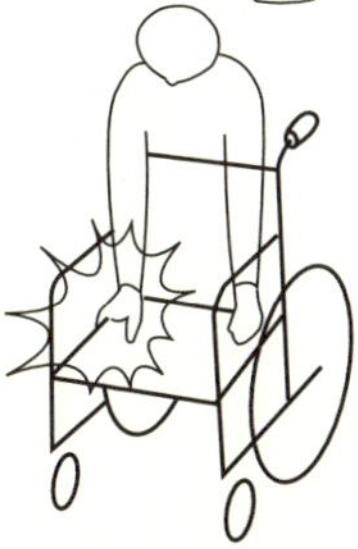

たたみ方

1. 足のせを上げる

2. シートを持ち上げる

3. 完全に折りたたむ

（注）・車椅子のタイプによって、折りたたみ方のちがうものや、折りたためないものもある。
・車椅子を折りたたんだり、ひろげたり、あるいは、しまう時には必ずブレーキを完全にかけたか確認しよう

Q19 車椅子を利用していても自動車の運転免許が取れるんですね

身体に障害があっても自動車の運転免許が取得できるそうですね。どのようにしてとるのですか。また、どのような条件があるのですか。

身体に障害があっても、自動車の運転免許は取得できる。いや、むしろ公共交通の利用が困難な車椅子利用者の場合、自動車運転免許を取得することで、通勤や通学が可能になることもある。

車椅子利用者の場合、通常は脚で行なうブレーキとアクセルの操作を手で行なうように改造した車を使用するという条件で、運転免許を取得する。これは、近視の人がめがねをかけるのと同じことだと思えばいい。運転免許証の免許の条件にその旨注記がされるのである。また、片方の半身が麻痺《まひ》しているような場合、通常は左側がブレーキで右側がアクセルになっているペダルの配列を逆にすることもある。

身体に障害がある人が運転免許を取得する際には、「適性検査」を受けてどのような補助装置が必要なのかを判定する。また、運転免許を取得する際の費用の一部、運転装置を改造する費用の一部が助成されるほか、車両の購入にあたっては消費税が免税になる制度もあり、自動車を自ら運転することで就労や社会参加活動の機会を保障するような体制がとられている。

なお、車椅子利用者のほかにも、補聴器《ほちょうき》を使用して一〇メートル離れた距離からの九〇ホーン以上の警音器《けいおんき》（クラクションなど）の音が聞こえる場合には、補聴器の使用を条件にして運転免許証が交付される。「携帯電話で通話したりラジオに気をとられたりしない分だけ聴覚障害者の運転の方が安全だ」と、私の友人は言っていた。

車椅子利用者をはじめ、何らかの「障害」がある人が運転する自動車であることを表すために、従来は「車椅子マーク」を使うことが多かった。ただし、この場合、車椅子利用者が運転しているのか、それともただ乗っているだけなのかの区別がつかず、また、「その他の障害」、たとえば心臓疾患などの人では、このマークを使うことをためらう人もいた。そこで、二〇〇二年から、何らかの身体障害のある人が運転していることを表す「クローバーマーク」が法制化された。このマークをつけている車に対しての、無理な追い越しなどの危険行為は「反則行為」として取り締まりの対象になる。

警察庁の調査によれば、一九九九年に条件付与のもと運転免許を取得している身体障害者は約二三万人であり、毎年四千人程度増加している。そしてその大半が車椅子を利用しているドライバーだといわれている。今後もその数は増加することだろう。それだけに、さまざまな場所で整備されている「身体障害者用駐車スペース」を今までよりもいっそう尊重することが望まれる。

福祉車両の種類（消費税法による分類）

①運転補助装置を装備する自動車

「運転補助装置を装備する自動車」とは、「障害」を持つ人が運転する際に支障がないよう、次のいずれかの運転補助装置がある自動車をいう。

運転補助装置の種類	装置の説明	主な名称
手動装置	車両本体に設けられたアクセルペダルとブレーキペダルを直接下肢で操作できない場合、下肢に替えて上肢で操作できるように設置されるもの	手動運転補助装置
左足用アクセル	右下肢に障害があり既存のアクセルペダルが操作できない場合、左下肢で操作できるように設置されるもの	オルガン式アクセル 脱着式左アクセル
足踏式方向指示器	右上肢に障害がありステアリングホイルの右側に設けられている既存の方向指示器が操作できない場合、下肢で操作できるよう運転席の右側に設置されるもの	足踏式ウインカー
右駐車ブレーキレバー	左上肢に障害があり運転席の左側に設けられている既存の駐車ブレーキバーが操作できない場合、右上肢で操作できるよう運転手席の右側に設置されるもの	右駐車ブレーキレバー
足動装置	両上肢に障害があり既存の車では運転操作が出来ない場合、上肢に替えて両下肢で運転操作ができるようにするもの	足動運転補助装置
運転用改造座席	身体に障害があり、安定した運転姿勢が確保できない場合、サイドボードを付加した座席に交換することにより、安定した運転姿勢を確保できるように設置されるもの	運転席サイドサポート

②車いす等昇降装置および車いす等固定装置を装備する自動車

「車いす等昇降装置および車いす等固定装置を装備する自動車」とは、車いすおよび電動車いす（以下「車いす等」という。）を使用している人を搬送するために、次の補助装置の両方が装備された自動車をいう。

運転補助装置の種類	装置の説明	主な名称
車いす等昇降装置 車いす等固定装置	車いす等を使用する方を車いす等とともに搬送できるよう、車いす等昇降装置を装備し、かつ、車いす等の固定等に必要な手段を施した自動車をいう。（乗車定員11人以上の普通自動車については、車いす等を使用する方を専ら搬送するものに限る）	車いす専用乗降装置 助手席リフトアップシート サイドリフトアップシート 車いす用収納装置 車いす固定装置

Q20 車椅子を利用している人に不快な思いをさせるのではと心配です

車椅子を利用している人が不愉快に感じることには、どのようなことがあるのでしょうか。どんなことに気をつけて接すればいいですか。

車椅子を利用している人と接するときにどのような態度をとればいいのか、ということをよくきかれる。そういうふうな問いかけ自体が車椅子を利用している人々（ひいては「障害者」全般）をとりまく「差別感情」を示しているのだろうと思う。もちろんそのような問いかけをする人は「相手を不快にさせたくない」と思っているわけで、逆をいえば「不快なめに遭《あ》わされている」ということを知っているということなのである。

僕自身には、大した「心がけ」はないのだけれど、常にニュートラル（中立的）な立場でいようと思っている。接する方の障害の有無《うむ》にかかわらず、日頃の友人関係なんかと同様に接すればいいのではないだろうか。障害をもつ人がよく言うのが「好奇《こうき》の眼差《まなざ》しで見つめられる」というものだけど、実際、町を歩いている「普通の人」をそんな眼差しで見つめることはないのだから、障害者ゆえの「差別」なのだということになる。もちろん、これは単純に片づかない問題なのであって、車椅子を利用する

ニュートラル
感情の中に「優劣」「善悪」の価値判断を持ち込まないということ。いずれも「健常者」の「施し」につながりかねない感情である。

知人がいないのはもちろん、街中で「障害」をもつ人を見かける機会が少ないから「好奇の眼差し攻撃」をしてしまうということでもある。

また、眼差しの他には、介助をする人の言葉遣《ことばづか》いが気になることもある。特にマヒや言語障害を伴う人に対して、その年齢にふさわしくない、幼児に接するような言葉遣いをしたり、親しさをことさらに表現するためか、粗雑《そざつ》な言葉遣いになってしまっていることがよく見受けられる。これも、「障害のない」同程度の年齢の人に接するときと同じ言葉遣いをすればいいことなのである。

そう、「会話の技法」でいえば、車椅子を利用している人と話すときには、どうしても介助者の側が「見下ろして」しまうことになる。これは、意識しなくても、つい「尊大《そんだい》な」雰囲気を与えてしまうから、目線はなるべく同じ高さにした方がいいようだ。腰だけ曲げて背後から首をヌッと出して話している光景もよく見かけるが、できれば真横か前方に回って、話すほうがいいように思えるのだ。

「好奇の眼差し」で見つめることはいけないことだけど、その進んでいく先に障害物がないかを確認すること、困っていないだろうかと様子を見ること、また、「お手伝いすることはありますか」と声をかけることはむしろ望まれていることなのである。肩に力を入れずに、かといってくだけすぎずに「人間関係」をつくっていければいいのではないかと思っている。

幼児に接するような言葉遣い

とくに、高齢者介護の現場でよく聞かれる。サービスを受ける側は、時としてそのような扱いを不満に感じていても、面と向かって抗議することは少ないので、注意が必要。常に、その人の「人格」と「尊厳」を尊重する姿勢が必要だ

目線はなるべく同じ高さにした方がいい

これも、まるでかしづかれているようでおちつかない、と考える人もいる。だから、「人間関係」の中にただ一つの正解はないということだね。

余談雑談②

一九六五年・加藤長廣が運転免許を取得するまで

念願の運転免許を所得。姉、父とともに記念撮影

加藤長廣は「自由」を渇望《かつぼう》していた。写真技師を目指して働いていた二〇代に脊椎カリエスにかかり帰郷。電機部品や焼き物の型を作る仕事を自宅でこなす日々。通院のために家族に連れ出してもらうことだけが外の空気に触れる機会だった。

好きなときに好きなところへ行きたい。心の片隅にいつもその思いを抱えていた。

一九六一年、道路交通法が公布され、身体に障害があっても自動車運転免許が取れるとニュースが報じた。

自動車を使えば外に出られる。どこへでも行ける。加藤の胸の奥の「夢」が「望み」に変わった。それ以前から仕事で得た金は無《む》駄《だ》遣《づか》いせずに貯めていた。その使途が明確になる。自動車を買う。運転免許を手に入れる。そして、自由に動く。

当時、NHKの番組に「運転免許講座」があった。加藤はそのテキストや関連書籍を人づてに入手して、いつも読んでいた。

「あの頃は、夢の中で車を運転していた」。

生前、加藤はそう語っていたという。

一九六五年、車両購入費用にも目処《めど》がつき、いよいよ運転免許を取る準備がととのった。そこで加藤は警察関係の仕事をしていた同級生・石田輝美に相談を持ちかけた。石田は幼なじみで一年先輩の伊藤綱雄が自動車修理も手がけるようになったのを思い出し、加藤を伊藤の店に連れて行った。

「その日、石田さんは所用かなにかで、加藤さんを連れてきてそのまま帰ってしまった。一通り話を終えて家に送っていく途中、たまたま瀬戸市役所の前を通った。『これが新しい市役所ですか。ずいぶん立派なものができましたね』と加藤さんが感激したように言った。も

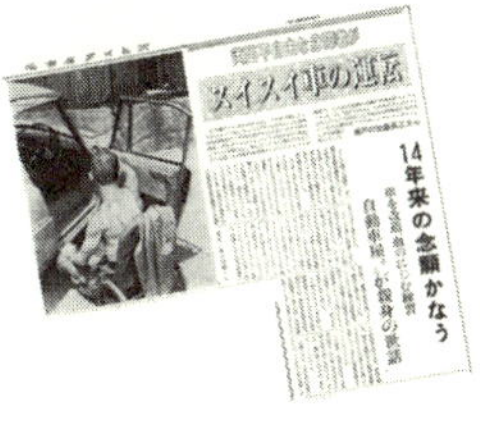

地元紙の東海タイムスに写真入りで紹介された（1965年7月）

伊藤の記憶は鮮明だ

う建てて何年も経つというのに、初めて見たのだと。そのとき、初めて家の中にいるだけの暮らしということを意識した」。当時を思い出して、伊藤は言う。

　加藤の依頼を受けた伊藤は、マツダクーペ360を種車《たねしゃ》に改造に着手する。当時は下肢障害のある人が運転免許を取得する際、各自にあわせた改造を施した車両を用意して、そのナンバープレートの車両に限定した免許証が交付されていたのである。

　周囲の人々は、伊藤の行ないに否定的であった。

「当時、息子がもう中学生だったが、悩みながら試行錯誤《しこうさくご》するのを見かねて、無理なことだからやめた方がいいと言ったものだ。それから、新車のトルコン（オートマチック）車に手動装置をつけていたC社の営業の人は、我々でも接待を重ねてやっと合格するのだから、個人で免許を取るのは無理だと言っていた」。

　改造にあたって、陸運局から示された大きな条件は二つ。一つは、ブレーキの補助レバーが折損《せっそん》しないように施工すること。それから、事故や故障が発生したときに、すみやかに運転台から車外に出られること。ブレーキは、鉄棒を単に溶接しただけでは折れたり外れたりしないという保障ができない、と指摘された。そこで、溶接した上にさらにボルト締めをすることで検査をパスした。

「非常時にすみやかに車外へ」という注文はさらに難問だった。加藤は下肢がまったく動かない。そこで、運転台のシートに車輪を装着し、シートごと乗降すればいいと思いついた。シートをはずして車輪を仮止めする。それを木製のスロープに載せて動かす。と、ドアが九〇度開かなければうまく入らないことがわかる。ドアの蝶番《ちょうつがい》を取り替える。次に、実際に加藤が乗車を試みる。額の高さにドアの上端があって、うまくくぐれない。シートの車輪をもっと小型にする。スロープに工夫をして、運転台に入るときには下りの向きになるようにする……。約半年の間、通常の業務に加えて、伊藤の作業は続けられた。

昭和32年竣工の瀬戸市役所

　陸運局から車検証が交付され、ようやく運転免許の試験を迎えた。

「筆記試験の会場は二階だったから、儂《わし》が加藤さんを抱きかかえて上がった。試験が終わって、他の人はその場で合否の通知を受けたのに、加藤さんだけ何の発表もなく、待たされた。見かねて試験場の係官に聞きに行ったら、これだけ重度の障害者に免許を与えていいかどうかを判定する権限は我々にはない。上司の裁決を待って後日通知する。そう横柄《おうへい》に言われた。加藤さんは、それを聞いて悔し涙を流したものだ」。

車両の改造に目処が立ち、運転免許取得が現実味を帯びてから、伊藤はかえって眠れない日々を過ごすようになる。

「車体の改造は、失敗したらその費用を自分がかぶるだけですむ。こっちもいい勉強をさせてもらったと思っていたから、そのことに悩みはなかった。しかし、現実に運転免許が取れそうだということになったとき、急に怖くなってきた。もしも加藤さんが自動車事故を起こしたら。自動車を持たなかったら天寿《てんじゅ》を全うできたのに、自動車のせいでと言われるだろう。この仕事がいいことなのかどうか、思い詰めるようになった」

加藤は5台の車に乗ったが
無事故で通した

一九六五年一一月一八日、加藤は瀬戸警察署で念願の自動車運転免許証を手にした。改造の費用として伊藤が手にしたのは四千円。材料費だけで、工賃は勘定に入れなかった。

「加藤さんには、四千円も一万円も一〇万円も一緒だから、材料費の四千円だけでいいと言った。加藤さんは一〇銭単位の工賃を貯めて費用をつくりだしたのだから。まだ自動車の整備を始めたばかりで、自分に研究心があったからできたのだろう」

以来、加藤は三〇年以上、無事故で過ごした。加藤が手にした移動の自由は、愛知県内外に障害をもつ人たちのネットワークをつくっていくのに大きく貢献《こうけん》し、たくさんの人に「自由」をもたらした。

加藤と三十年以上の交友があった中村力が振り返る。

「あの頃は、まだ外にも出られず、通信手段も限られていて、障害者は皆、一匹狼的《いっぴきおおかみてき》に暮らしてきた。昭和四〇年前後に運転免許を取得した人たちは、多かれ少なかれ加藤さんのような苦労をしてきたのだ。今は、誰もが当たり前に運転免許を取得する時代になったけれど、当時の人たちのことを忘れてはいけない」

(取材・二〇〇一年四月一二日。初出・ウイル二〇〇一年六月号)

プロブレムQ&A

III

「視覚障害の人」と出会う

Q21 街中で白い杖を持って歩いている人を見かけることがありますが

目が不自由な人がもつ白い杖には、どのような決まりがあるのでしょうか。また、どんなことに気を配らなければならないのでしょうか。

街中で、白い杖を持って歩いている人を見かけることがある。これらの人が「視覚障害者」であるということは、もうかなり広く認知されている。そして、ある種「介助の仕方がわかりやすい」ので、気軽に声をかけられる存在でもある。

「目が見えない者（目が見えない者に準ずる者を含む。以下同じ）は、道路を通行するときは、政令で定めるつえを携《たずさ》え、または政令で定める盲導犬《もうどうけん》を連れていなければならない」

道路交通法第一四条の条文である。目の見えない人は、このようにして「白杖」を持つことによって安全の確保が図られている。自動車などの運転免許を取得する際の学科講習でも、白杖を持った歩行者には十分に配慮するよう教え込まれているはずである。

白い杖
「白杖《はくじょう》」ともいう。

白杖を持っている人は、視覚情報を十分に把握《はあく》できない。「十分に」というのは、たとえば「弱視《じゃくし》」で白杖をもっている人の場合、物の輪郭《りんかく》などは識別できて、歩行においてほとんど支障《ししょう》がない場合もあるからだ。

白杖は、車椅子や補聴器《ほちょうき》などの他の「補装具《ほそうぐ》」と異なり、得ることが困難な視覚情報を白杖を持つことによって補えるというものではない。むしろ、白杖を持つことにより、視覚情報が十分に得られないということを、周囲に明らかにする効果のほうが大きいのではないだろうか。だから、周囲の人たちが様々な危険や困難を避けられるように配慮《はいりょ》することが望まれるものである。

ただし、「白杖」をもつ人だけを選《え》り分けて「配慮」するということはできないことである。白杖をもった人を背後から見ると、その人の体の陰に隠れてしまって白杖を所持しているかどうか分からない。で、たとえば自転車が不用意にベルを鳴らしたりすると、白杖をもつ人はどちらによけていいのかわからなくて、とても怖い思いをするのだ。同様に、歩道のない道を歩いているときに、車が大した減速もせずに接近したときには事故につながりやすい。これらは、いずれも白杖を所持する人か否かが追い抜くまではわからないのだから、自転車や自動車を運転していて追い抜きをかけるときには、十分に安全に配慮した運転が求められるということに他ならないのだ。

補装具

車椅子や補聴器など、「障害」を補う目的で開発された道具や機器をいう。「身体障害者福祉法」では、車椅子、補聴器、白杖のほか、義肢、装具、座位保持装置、義眼、眼鏡、点字器、人工喉頭、歩行器、頭部保護帽、収尿器、ストマ用装具、歩行補助杖が指定されている。

自転車が不用意にベルを鳴らし

厳密にいえば、道路交通法第五四条二項に違反する行為である。

Q22 目が不自由な人を誘導するにはどうすればいいのですか

街中で目が不自由な人と行きあいました。誘導をしたほうがよいかと思ったのですが、誘導のやり方には決まった方法があるのですか。

白杖を持っている人は目が不自由であるということが広く知れ渡っていることは先にも書いた。で、多くの場合、特に声を上げて頼まなくても心ある人がやってきて案内をしてくれるのだが、時にはその誘導法《ゆうどうほう》が不適切で、怖い思いをすることもある。

まず、根本的な問題として、声もかけずにいきなり腕をつかんでくるケースがとても多いということだ。これでは、善意で誘導をしてくれるつもりなのか、ひったくりや痴漢《ちかん》の類なのか、わからない。誰だって、いきなり体の一部にさわられたらびっくりするし、いやだろう。だから、必ず「手引《てび》きをしましょうか」などと声をかけてからにしなければならない。

さて、そういった「手順」どおりだとしても、視覚障害者が不安に思ったり怖かったりする誘導《ゆうどう》の仕方がある。その代表的なものは次のようなやり方だ

一、後ろから肩を押して前に誘導する

手引き
「誘導」や「ご案内」と同様に使われている。いわば「専門用語」である。

体験イベント
アイマスクをつけて歩いたり、車椅子を操作したり、手足に重りをつけて「高齢者」の疑似体験を行なうということもある。ただし、これらはあくまでも「疑似体験」で、そのイベントが終われば「元の暮らし」に戻れるけど、「障害」を持つ人は、それがずっと続くのだということを忘れてはならない。

二、手を強く引っ張って誘導する
三、杖の部分を持って誘導する

これらは、誘導する側のペースで「引き回される」ようなものである。最近は、ボランティア団体などがアイマスクをして街中を歩いてみるという「体験イベント」を開いているから、そのときに、今挙げたようなやり方を経験してみるといい。皆、口をそろえて怖いという。その怖さがいやで介助の申し出に「遠慮」する人もいるのではなかろうか。

目が不自由な人を誘導する基本的なやり方は、肘《ひじ》のあたりを持ってもらうという方法だ。もたれる人の肘は、自然にのばすなり軽く曲げるなりしておけばいい。この方法だと誘導される側が何かに不安を感じると自然に握る力が強まるので、誘導される側のペースにあわせやすい。

もうひとつは肩に手を添えてもらう方法

肘のあたりを持ってもらうのが誘導の基本

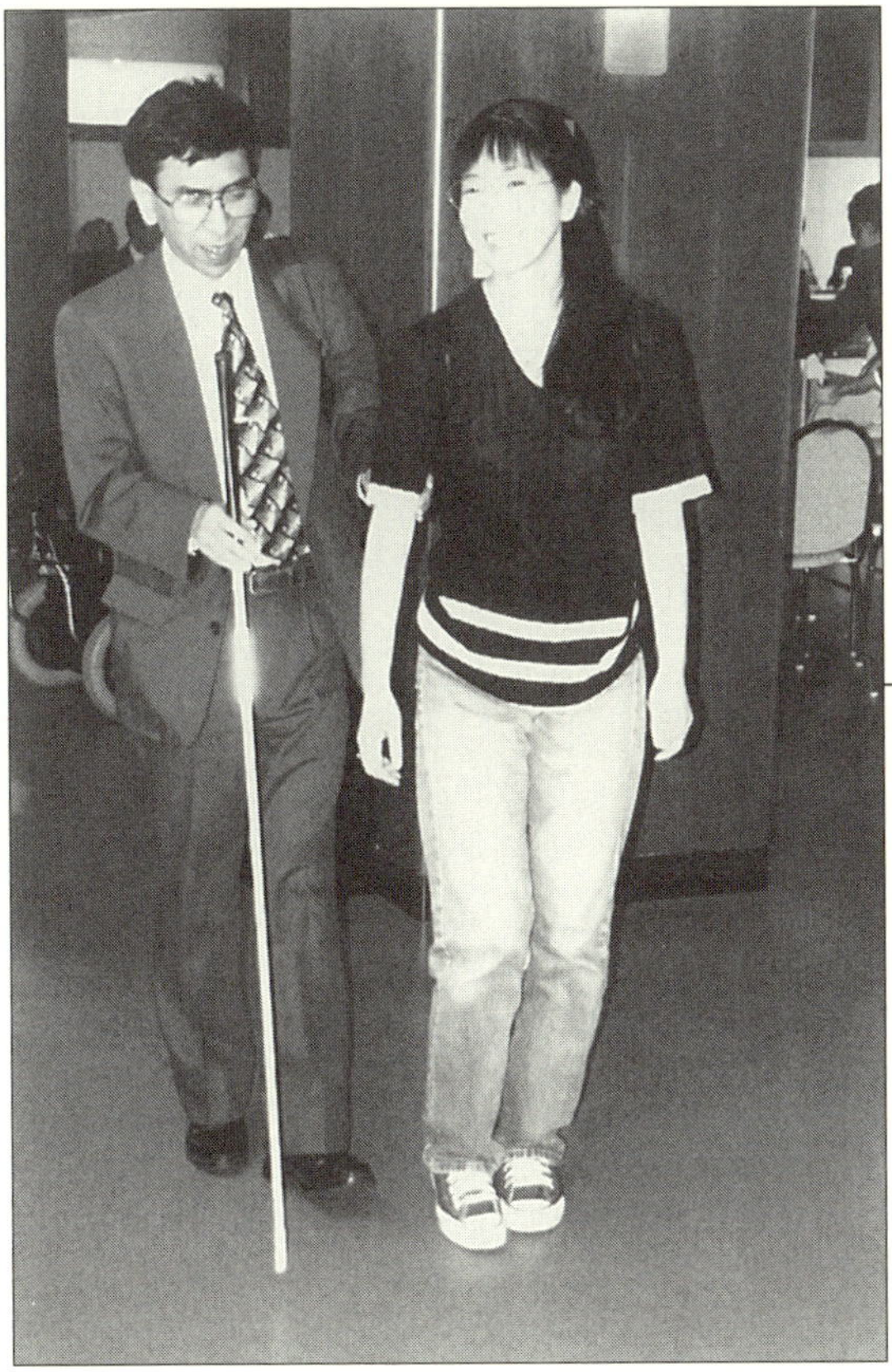

だ。これも同様に誘導される側のペースで歩きやすい。ただし、階段や足元が悪いところなどでは手が離れてしまいやすいので望ましくないとされてもいる。ただ、こちらでの誘導を好む人もいるから、一概にダメとはいえないだろう。

いずれの場合にも、次のようなチャートが描かれる

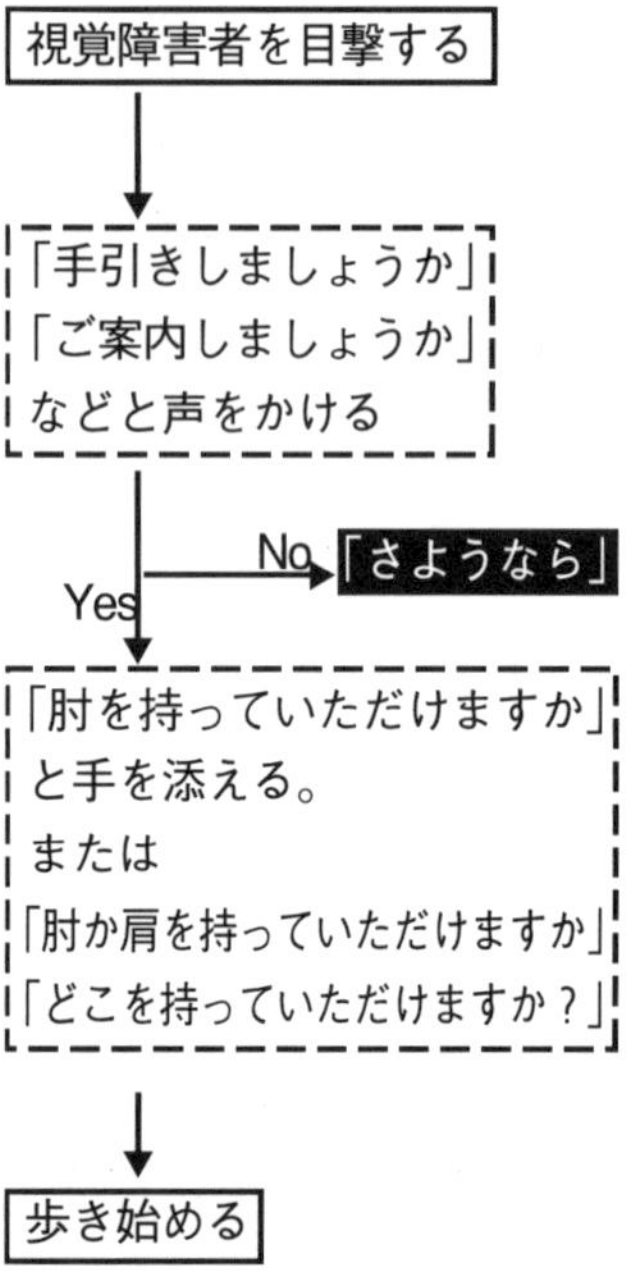

視覚障害者を目撃する
「手引きしましょうか」
「ご案内しましょうか」
などと声をかける
No
「さようなら」
Yes
「肘を持っていただけますか」
と手を添える。
または
「肘か肩を持っていただけますか」
「どこを持っていただけますか？」
歩き始める

別れ際には、今どこにいて、どちらの方角を向いているのかを告げて「じゃあ、お気をつけて」程度のふつうの挨拶《あいさつ》をすればおしまいである。

Q23 駅で白杖を持つ人と出会ったらどうすればいいですか

駅では切符を買ったり、改札を抜けたり、階段を昇ったりと目が不自由な人にとっての「バリア」が多いので心配です。どういうことに気をつければいいですか。

鉄道の駅で視覚障害の人と行き会ったときには、次のようにすれば良いのではないかと思う。

視覚障害の人と行き会ったらまず声をかけるというのは先に書いた。で、その人が切符を買いたいとしよう。そのときには、すいている自動券売機の前なり出札窓口へ誘導する。点字運賃《うんちん》表があればいいのだが、そうでないときには、その目的地の運賃を読み上げて教えることになる。

券売機にお金を入れるのは、必ず本人にしてもらう。そのときに、硬貨や紙幣《しへい》の投入口を確認するのに手を添える程度である（その時も、「右手を貸して下さい。お金を入れる所をお教えします」くらいのことを言ってから、右手で投入口を確認してもらう。いきなり右手をつかんではいけない）。券売機のボタンも、頼まれない限りは自分で押してもらう。もちろん、取り出すのも本人である。

これは、お金がからんで無用なトラブルを発生させないための心がけである。もし

右手
もちろん、利き手によっては左手ということもあり得る。

券売機のボタン
最近、タッチパネル式が増えているのが困りもので、その時には電卓の文字盤で使われているような「テンキー」で金額を指定して購入する。JR東日本のものは、せっかく多機能なのに、テンキーで購入できるのはJR線のみ。もう少し、配慮があってもよさそうなものだが。

も、お金を入れたりするのを頼まれたときには、渡してもらった金額を告げて、切符の金額とお釣りの額もつげる（「五〇〇円玉をお預かりして、津田沼までの切符が二一〇円。二九〇円がお釣りです」という具合）。

さて、通りすがりの介助の場合には、ずっと一緒に行けるということはほぼあり得ない。また、もちろん相手がどう行きたいのかもわからない。だから、「どちらに行かれますか」と尋ねて、「じゃあ、ホームまでご一緒しましょう」「同じ電車に乗っていけます」という具合に、どこまで同行できるかを明らかにする。時間の余裕《よゆう》がないときなどは無理をすることもない。

また、誘導《ゆうどう》する側の勝手な思いこみも禁物《きんもつ》で、たとえば自動改札を通り慣れている人もいるわけで、何もいわずに有人改札の方へ行くのではなく「自動改札を通りますか」または「人がいる改札口でいいですか」というように確認をしたほうがいいだろう。

別れるときには現在位置を伝える。たとえば「三鷹《みたか》行の前から三両目の後ろ側のドアです」といった具合。ぼくの同僚《どうりょう》がある日落ち込んでいたからどうしたのかを尋《たず》ねたら、反対方向の電車に誘導したことを別れてから気づいたといっていた。そのようなことも、その電車の行先を伝えることで防げるのである。

視覚障害というのは「情報」が制約されているのだから、音声で（すなわちこまめに話すことで）情報を伝達するというのも必要なのである。

Q24 白杖を利用している人と歩くときに注意しなければならないことは何ですか

私たちが何気なく通っている小さな段差や狭い通路も、視覚障害の人には大きなバリアだと思います。どんなことに気をつければいいのでしょうか。

視覚障害の人と一緒に歩いていると、私たちが日頃いかに「視覚情報」を頼りにしているかということがわかる。そして、その裏返しとしていかに視覚情報をあてにした街づくり（建築デザインや街路といった「大道具」ばかりではなく、「放置自転車」などの「小道具」も街づくりに一役買っている）をしているかも痛感《つうかん》する。

まず、階段などの段差である。階段は、それと知らずに足を踏み出すと転落したり足をくじいたりする。だから、基本的にはその直前でいったん止まって「ここから階段です」「ここに二段段差があります」というように伝える。階段の時には踊り場や降りきったところで「踊り場になっています」「これで階段は終わりです」というようにいう。大きな段差の時には、杖でその高さを確認してもらうことも必要だ。

エスカレーターも厄介《やっかい》な代物《しろもの》で、乗り慣れている人とそうでない人がいるから、確認をする。原則的には、ベルトに手をかけてもらって単独で乗っていくことになっている。足を二段にかけ、その高さが同じになったら降りるというのが、「教科書」的な

やり方。このほか、白杖で一段前に触れていて、その高さの変化でタイミングを測ったり、ベルトが水平になったら……など、一人一人に慣れた方法があるようだ。いずれにせよ、乗るときよりも降りるタイミングが難しいから要注意である。

人が一人しか通れない場所を通るときは、狭くなっていることを告げ、持っている肘《ひじ》を腰に回す。あるいは手を持ち替えてもらう。そして、「右側に自転車が並んでいます」というようにいって、その障害物にぶつからないように注意しながら一列で進む。このとき、誘導する者だけが回避《かいひ》できて、される人がすねをぶつけてしまうなんていうこともある（これは、歩道の段差の切れ込みでもやることがある）から注意が必要だ。特に、配送のトラックの張り出しているサイドミラーや商店の看板など、白杖に触れない「空中障害物」が要注意。

時には、誘導されている人が勘違《かんちが》いをすることもある。横断歩道のない交差点を横断歩道の場所だと勘違いして「ここで道を渡ってください」などといわれたら「横断歩道はまだ一〇メートルくらい先です」「ここは横断歩道のない薬屋さんの前ですけど」というようにいって確認をしよう。

視覚障害の人と一緒に歩いていると、様々なことに気づく。歩道で後ろから来る自転車がベルを鳴らす。ぼくらは視覚情報をもとに、どちらによければ安全か瞬時《しゅんじ》に判断して道をあけるけど、目が不自由だとそれができない。真後ろから接近する自転車の運転者からは、前を歩いている人の手に杖が握られているかは確認が難しい。だから、ぼくは自転車に乗っていて、安全に追い抜ける幅がないときには歩行者と一緒の速度でしばらくいって、広くなったところで「右側を通ります」というふうに声をかけるようになった。それから、歩道に自転車を止めるとき、荷物を置くときなど、どうすれば支障がないかを考えてみる。

視覚障害の人と一緒に歩く経験を重ねていくと、なんとなく自分の日頃の行動も考え直さなければいけないなと思うのである。

右側を通ります
最近、そう声をかけると「はい」と返事をする人が増えてきた気がする。

Q25 点字について教えて下さい

目の不自由な方が「点字」をつかっているということは知っていますが、具体的にはどのようなものですか。また、点字のほかにはどのようなものがありますか。

視覚障害の人が文字情報を得る場合には「点字《てんじ》」が用いられることがほとんどである。最近は、駅の運賃表や公共施設の館内案内などに点字によるものが用意されている。意外なところでは、駅のホームへの階段の手すりに、点字の行き先案内が貼られていたりする。だから点字がどういうものなのかは、なんとなくわかっているのではないだろうか。

点字は、横二列・縦三列の六つの凸《とつ》点の組み合わせでアルファベット、数字などを表すものとして、一八二五年フランスで考案された。日本では一八九〇年に、その「六点式点字」をかなに対応させるように翻案《ほんあん》され、現在に至っている。点字には、漢字に相当するものはなく、すべてがかなやアルファベットなどで表記される。

かなが主体だということは、文章を「点字訳」にした場合、膨大《ぼうだい》な量になってしまうということはわかるだろう。さらに、点字の文書では文章を文節ごとに「分かち書き」にしているので、単にかなに直す以上の長さになる。また、点字を打つ用紙も、

点字　印刷された文字のことは「墨字」という

ある程度の厚さの丈夫な紙でなければその使用に耐えられないので、点字の文書は「体積」としても膨大《ぼうだい》な量になる。

点字は、「点字板」とよばれる「定規」をつかって「打ち込んで」いくのが一般的だ。要するに、紙をへこませていくわけだ。だから、点字を打つときには「鏡文字《かがみもじ》」にして右から左へ書き進んでいくのである。それらに加えて、数式やアルファベットの表記法など、点字の修得は案外難しい。点訳ボランティアの講習では多くの場合、週一回で一年間程度かけるのが普通である。

多くの場合、「墨字《すみじ》」の文書を点字に訳すのはボランティアの手によってであり、その数は全国で五千人近くであるといわれている。そして、毎年ほぼ一万タイトルの書籍が点訳されている。これらは、各地の「点字図書館」に情報が集約される。

また、最近では点字に対応したコンピュータのソフトウェアやワープロも普及《ふきゅう》し、磁気情報の形で情報が送信され、点字プリンタで出力される場合もある。

点字のほかに、墨字の情報を伝える手段として「音訳」がある。かつては「朗読《ろうどく》」といういわれ方が多かったが、「朗読」といったときに、たとえば感情表現などの要素が入り込んでしまう（たとえば「朗読劇」なんかがそうだ）ので、「音訳」といういわれ方になってきている。音訳も、ある一定のニーズにあわせて選択された素材をボランティアがカセットテープにふきこんでいく。また、図書館で「対面朗読」というかたちで音訳する場合もある。これも、コンピュータの音声読み上げソフトが開発されていて、コンピュータのテキストデータになっている文書は合成音声でコンピュータが読み上げてくれるようになった。

弱視の人の便宜《べんぎ》を図るために、活字を大きくした書籍も刊行されるようになってきている。これは公立の図書館に用意されることが多い。

ファーストフードやファミリーレストランで点字のメニューを用意してあるところも増えてきているようだ。たとえば、神奈川県の二俣川駅前の商店街では、視覚障害者施設が近いという土地柄、点字メニューを用意した飲食店が多いのだという。そして、商店街で視覚障害者に配慮した取り組みを進める中で、研修やボランティア活動にも発展している。おそらく、さまざまなところで小さくとも地道な取り組みがあるはずだ。

さらに、JR山手線などでは、車両の扉に点字と墨字で車両の号車番号とドア番号を表示し始めている。

「視覚障害」があっても「文字情報」を「気がねなく」利用できる環境が始まっている。

活字を大きくした書籍「拡大図書」という。

点字の記号一覧（凸面から）

清音・濁音《だくおん》・半濁音など

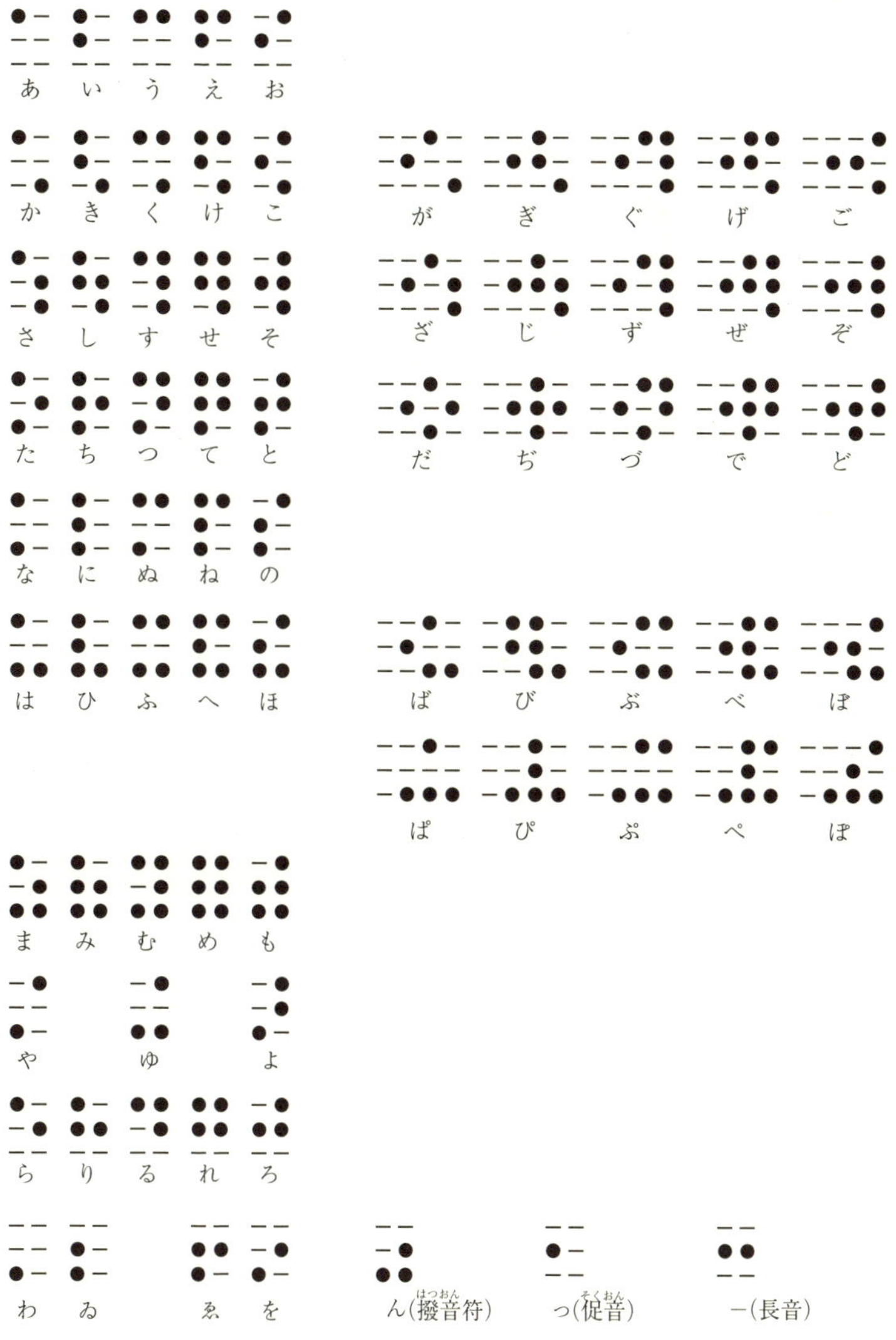

余談雑談③

障害者に無配慮な社会

「障害者基本法」ができ、さまざまな場面で「障害者に優しい」施設や設備が整備されてきてはいるが、まだまだ配慮《はいりょ》に欠けるものが多く見受けられる。

最近の機械や建築で、視覚障害者への配慮が感じられない代表格は、銀行のＡＴＭ（自動預払機）とタッチボタン式の自動ドアだろう。

銀行のＡＴＭは、画面（タッチパネル）上の文字や記号に直接手を触れて、取引や金額などを選択する。ということは、たとえ音声ガイダンスが流れても、どこを押せばいいのかがわからない限り、その機械を利用することはできないということになる。郵便局のＡＴＭは、画面を直接押しても点字が添えられているボタンを押しても利用できるのに。

ＪＲ東日本ではタッチパネル式の自動券売機が主流となりつつある。開発段階で視覚障害を持つ人々から強い要望が出されて「テンキー」が併設されているのだが、使い勝手はあまり良くなさそうである。

先日、某駅で一時間近く様子を見る機会があったのだが、画面を触れるというしかけがわからなかったり、画面上の「ポイント」以外を触れてしまって機械がいうことをきかなかったりと、皆悪戦苦闘《あくせんくとう》していた。特に中高年の人々は大変そうであった。テンキーの使い方の説明も不十分で、今後慣れてはいくのだろうが、現在のところ皆が困惑《こんわく》しており、見ていてあまり愉快《ゆかい》な光景ではなかった。新しい機械は確かに便利な機能を備えているのだろうが、不特定多数の人が利用するものなのだから、銀行のＡＴＭコーナーのように係員を配置するといった方策をとって使い方を周知するべきだろう。

また、ドアにタッチボタンが付いている自動ドアも、困ったものである。閉まっているときにはまだいい。問題は、誰かが通った後に通ろうとする場合である。その種類のドアは一定時間が経過すると、人がそこにいようといまいと勝手に閉まってくる。ドアが開いているところを通ろうとするときに、ドアが閉まってくるのである。目が見えるのであれば、閉まってきたドアをやり過ごしてボタンをもう一度押すということになるのだが、視覚情報が得られない場合にはそうはいかない。また、すぐに体がそう動かない人もいるだろう。実は、僕もあのタイプの自動ドアの出始めの時に、体をはさまれたことがある。何が起こったのか一瞬わからなくて、ただもがくだけだった。後から来た人がボタンを押してくれたから抜け出せたのだけど、「障害者」でなくても同じような目に遭っている人はきっと多いはずである。

自動改札が導入された駅では、有人通路は一箇所しかないのが普通で、乗車の人も降車の人もそこに集中し、通路の真ん中で立ち止まっては駅員とやりとりをするようになっている。視覚障害の人が点字ブロックに従って行ったら向こうから来た人に突き飛ばされたとか、そういうこわい経験談を聞くことがある。また、通路に障害物を置いて狭くしているために、車椅子を使っているとその障害物をどかさなければ通れない。介助者がどかし始めると駅員が中からあわててとびだしてくるのだが、以前は（そもそも狭くて通れないこともあったくらいだが）そんな煩《わずら》わしさがなかったのになと思ってしまう。最近は、障害物を置く代わりに、通路に「遮断機」を設けて駅員がボタンを押すとその遮断機が開く仕組みの所もあるが、ＪＲ東日本の各駅にあるものは、駅員側だけが自動で、反対側は「車椅子で押して通り抜けて下さい」といわれた。なんとなく、小ばかにされたような気がしたのだが、考えすぎだろうか。

高速道路などでも通行券が自動発券になっているところが増えてきたが、これも、半身がマヒしているような人にとっては大きな負担になっている。かつては料金所の係の人が身を乗り出して手渡してくれたのだ。それが、現在では一回運転台から降りてマヒのない側で通行券を取り、そしてまた乗り込むという動きになる。これも一箇所、有人のブースを設けてくれれば解決することなのである。

たしかに、利用者の中に障害をもつ人の割合は圧倒的に少ないのだが、公共のものを設計する人たちに「障害者」のことが意識されていないということが問題の根っこにあるような気がしてならないのである。

タッチパネル式の自動券売機

Q26 点字ブロックってどういうものですか

駅のホームなんかに黄色いブロックが埋め込まれているのを見かけます。それぞれのブロックにはなにかきまりはあるのでしょうか。

歩道や駅のホームといった所に、凹凸《おうとつ》のあるブロックが埋め込まれているといった光景は、今やすっかりなじみのあるものになっている。そのはたらきもよく知られているので今さら説明するまでもないかも知れないが、あれは「点字ブロック」といって、視覚障害者に対して進路や危険の接近を知らせる役割を持つ。

国土交通省規格では、点字ブロックは一辺が三〇センチまたは四〇センチの正方形で、進行方向に向けて線型の突起《とっき》があるのが進路を示す「誘導ブロック」、円形の突起《とっき》があるのが段差や障害物への接近を示す「警告《けいこく》ブロック」である。この二種類の区別は知られていなかったり、逆に覚えられていたりする。

点字ブロックは、ある意味では最も身近な「バリアフリーツール」ではあるが、それだけに様々な問題もかかえている。これは、大きく捉えれば「健常者」と「障害者」の「断絶《だんぜつ》」や、この社会がどんなふうにつくられているのかを象徴するものである。

点字ブロックをとりまく環境で最も大きな問題は、往々にして点字ブロック上に物

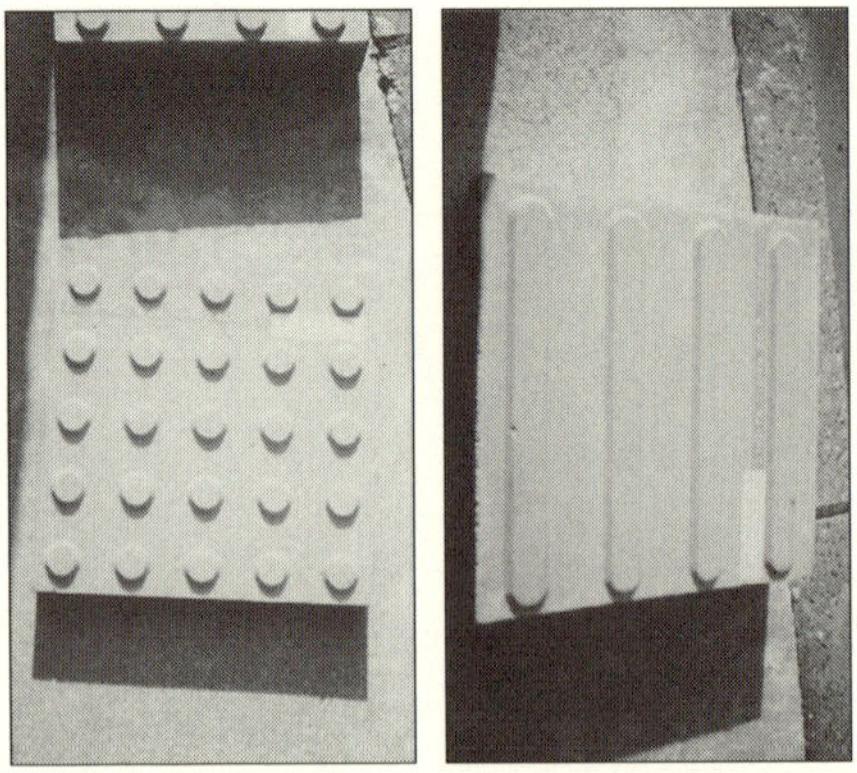

点字ブロック
「安全交通試験研究センター」が登録した、登録商標である。

が置かれてしまうことだろう。特に鉄道駅の周辺の「放置自転車」は、多くの場合点字ブロックを無き物として歩道を占拠《せんきょ》する。そのほかにも、納品のトラックが荷物を下ろしていたり、看板が出されたりという具合である。

　自転車が点字ブロックをふさいでしまうという問題では、たいてい全ての責任がその自転車の持ち主に負わされてしまう。それでいて、自転車の持ち主は「でもしょうがないじゃない」と心の奥底でつぶやきながら自転車を置いていく。駅の周辺にもっと便利で安い駐輪場があれば、また、駅までの公共交通がもっと整備されていたら、撤去《てっきょ》されたり盗難《とうなん》に遭ったりという危険を冒《おか》してまで歩道には放置しないだろう。また、「視覚障害者」がもっと身近な存在で、毎日この道を難儀《なんぎ》しながら通っているということがわかっていたら。それから、点字ブロックを設置する「行政」が、「この駅前には自転車の放置が認められていない」という、いわゆる「タテマエ」にこだわって、わざわざ自転車が置かれやすい歩道の端部《たんぶ》に点字ブロックを敷設《ふせつ》していたりしていないだろうか。逆に「点字ブロックを付ければここに自転車を置かないだろう」なんていう甘い考えをもっていないだろうか。そんなこんなが複合して、点字ブロック上に障害物が置かれてしまうという事態になっている。そして結局のところ、せっかく敷設した点字ブロックも使えないことになる。

　もう二〇年以上も前になるだろうか、野球のジャイアンツの王貞治選手（当時）がアイマスクをして放置自転車の中を杖を頼りに歩こうと試みる「公共広告機構」のコ

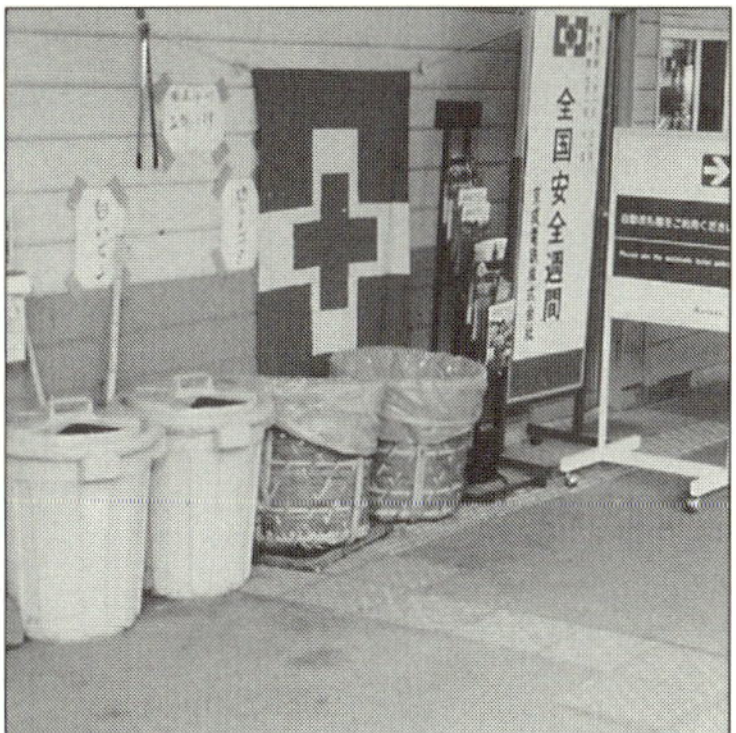

あからさまなバリア

マーシャルがあった。その頃からあまり事態は好転していないっていうことなのだろう。

ただ単に「点字ブロック上に物を置かないようにしましょう」と呼び掛ければ解決するほどに事態が単純ではないのはもうとうに分かっている。行政などが、様々な「バリアフリーツール」を用意しても、周囲の人々がその役割を認識せずにそのはたらきを阻害《そがい》してしまったとしても阻害《そがい》者が悪いといって単純に解決しないのである。これを称して行政は「啓発《けいはつ》活動」の重要性を説いたりもするのだが、これもなんとなくズレているように思えてしまう。

案外、「これが解決法だ」というふうな何かを期待するのではなく、「ねえ、どうすればいいのかな」といろいろな人に問いかけ続けていくのが、遠回りではあるけど解決への道につながっているのかも知れない。

Q27 最近は、点字ブロックにもいろいろあるんですね

最近、黄色以外の点字ブロックが目に付くようになっています。大きさもいろいろあるようです。あれは、いいことなんですか、好ましくないのですか。

先に、点字ブロックは三〇センチ四方で黄色という説明をした。で、街中をみまわせば、その「基準」に沿わない点字ブロックもずいぶん見受けられることに気づくだろう。これらが、なかなか困った事態をひきおこしているのだ。

まず、大きさの問題がある。最近、歩道がアスファルトから煉瓦《れんが》ふうのブロックに直される傾向にあるのだが、それにあわせて点字ブロックも小型の物にされてしまうことが多い。縦三〇センチ横一五センチくらいの物が一般的である。このばあい、一つ一つの突起が小さくて、誘導ブロックなのか警告ブロックなのかが判別できないことがある。また、幅も、基準である三〇センチよりも狭いことがあり、少しずれるとわからなくなってしまう。

色調《しきちょう》も、「地」の色と同系色とされてしまいがちである。「視覚障害者」の多数を占める弱視の人は、点字ブロックの色調を頼りにすることがあり、その存在がわかりにくくなってしまうのである。また、高齢者や杖利用者など、歩行が不自由で、わずか

困った事態
千葉市では、障害者団体が、突起部分のみ黄色の点字ブロックを敷設したことは人権侵害であるとして人権救済の申立を行なった。
↓『30センチの安全地帯』同刊行委員会編・刊行（問い合わせ先〇四三―二二五二―六六九一）

な段差でも転倒の危険がある人にとっては、目立たない色の点字ブロックが転倒を誘発《ゆうはつ》する「バリア」として働いてしまう。

今挙げた二点で言われることに「全体との調和」という論がある。確かに、黄色というのは警戒《けいかい》色で浮き上がってしまう色である。しかし、「公共」のものである道路や建造物に「障害者」が利用しやすい物をつくるというのは「調和」云々の問題ではない。それをいえば、郵便ポストの赤色だって……となってしまうだろう。むしろ、点字ブロックやスロープが目立つところにないほうが不自然だというように世の中の「意識」が変わっていくように、点字ブロックなどが「啓発《けいはつ》」する役割をもっているのである。

点字ブロックの設置者の過剰な思い入れが見て取れる点字ブロックもある。たとえば、公民館などで壁に向けて誘導ブロックが敷かれて、それに従っていくと館内案内図に行き当たるとか、駅の構内でも、点字ブロックは有人改札にしか続いておらず、自動改札を通れる人にはかえって不便だったりする。自動改札で言えば、有人通路に「体の不自由な人の通路」である旨《むね》の立て札が出ていることが多いが、それらが点字ブロック上にはみ出してかえって危ないこともある。点字ブロックが看板などに近すぎる場合、点字ブロックを頼りに歩いているとかえって危険にさらされてしまう。特に一本足で立っている標識などは、杖で障害物があるというふうに認識しづらいので危険なのである。

さらに、誘導ブロックに従っていくと危険だったり迷ってしまったりということもある。先に挙げた立て看板などのほか、よく見受けられるのが、誘導ブロックをそのままにして工事や作業をしているという光景である。また、誘導ブロックがカーブしていたりすると、今自分がどの方向に向いているのかが分からなくなることがあるという。

それから、一回点字ブロックを敷設してしまうとそれで「安心」してしまって、メンテナンスを怠《おこた》ってしまうこともある。人通りの多い通路や駅のホームでは、点字ブロックが磨耗《まもう》しやすいのだ。僕の知人は、駅のホームで警告ブロックを感知できずに線路に転落してしまった。

その上、せっかく点字ブロックを敷いたというのに、そこに「玄関マット」をかぶせてしまって何の役にも立たなくしてしまっている例もある。このように、点字ブロックのありさまを観察すると、いろいろな問題が次々と出来《しゅったい》するのである。

これらに共通していえるのは、「目が見える者が目が見えない人のことを思って（この場合、配慮をしていないということも含む）」何かをやっているということだ。点字ブロックを利用する人に直接使い勝手などを確かめればいいものを、そうではなく、いわば「勝手」に「これがぜひ必要だ」とか「これくらいはいいだろう」なんてことを判断してしまっているのではないか。たしかに、様々な「配慮」がされるようになってはきているけど、「お節介」だったり「ひとりよがり」だったりというのが目に付くのだ。

何回も言うことだけど、「顔の見える関係」が一つでもあれば変わってくるんだけどね。

Q28 新聞で、視覚障害の人が線路に転落して事故にあったという記事を読みました

視覚障害の人がホームから線路に転落してしまうことはよくあることなのでしょうか。一緒にいる私たちがどのような配慮をすれば防げるのですか。

視覚障害の人が遭遇《そうぐう》する事故で、最も重大な事故は鉄道ホームからの転落事故《てんらくじこ》である。「東京視力障害者の生活と権利を守る会」が一九九四年に実施した調査では、視覚障害者の半数、全盲者《ぜんもうしゃ》に限れば三人に二人が駅ホームからの転落を経験している。日常的に単独歩行する全盲者では、ほとんどの人が転落経験をもっている。そして、同会が把握《はあく》しているだけでも、一九九四年から二〇〇一年の間に視覚障害者の転落死亡事故は一二件、重傷事故は七件に達している。視覚障害者は、常に死と隣り合わせの緊迫《きんぱく》した状況下、鉄道を利用しているのだ。これは、他の利用者では考えられないほどの緊張感である。

さて、転落の原因は二通り考えられる。一つは、ホームだと思いこんでいたら端部《たんぶ》であったという場合。もうひとつは、乗車しようとしたら車両がそこになかったという場合である。

前者の場合、防止策《ぼうしさく》として点字ブロック（警告ブロック）が設置されている場合が多いが、それでも十分ではない。ホーム上の点字ブロックは、多くの乗客に踏まれるために磨滅《まめつ》しやすいからである。そして、磨滅した点字ブロックに気づかなければ、まだホームの端ではないと誤認《ごにん》してふつうに歩き、転落してしまうのである。また、点字ブロックの敷設《ふせつ》方法が不適切だったり、利用者が勘違いをすることで、転落する場合がある。たとえば、一九九五年に大阪市営地下鉄で発生した事故では、ホームの端の壁を階段の裏手だと勘違いして壁づたいに歩いたところ、転落、折から発車した電車に接触して重傷事故となった。点字ブロックがホームの端まで敷設されていなかったのが原因だとされている。

乗車しようとしたら車両がなかったというのは、列車が到着したときに、ドアの位置だと誤認して、車両の連結部分や先頭、後部に転落してしまうというものだ。また、隣接するホームに到着した列車の音を自分が乗るものと錯覚《さっかく》して転落するということもある。この場合には、そのまま電車が発車してしまうと轢《ひ》かれるわけで、より危険度が高い事故である。

車両間の転落防止には、連結面にゴム製のカバーを付けて誤認防止をはかった車両が増えているが、そこに車両があると誤認して転落してしまう事故については効果的な対策がとられているとは言い難い。とくに、編成車両数が変動する路線では、手の打ちようがない感がある。最も効果が上がるのは、ホームに車両のドアと連動する柵

編成車両数が変動する路線

たとえば、静岡県内の東海道線では一五両のホームに二両だけの列車が停まったりする。

を設けることであるが、編成車両数や車両のドアの数、それから列車の停車位置のズレ（例の「停車位置を直します」っていう、あれだ）に対応できないから、限られた路線以外ではなかなか難しい。また、ホームの一部に狭い箇所があって、可動柵を設置することで車椅子等の通行の妨げになるということもいわれる。しかし、狭くて旅客の多いところほど転落の危険は増すのだから、同一形式・同一車両数で運行されている地下鉄や大都市近郊の電車線こそ、ホームゲートの設置を進めるべきではないだろうか。

と、いうことで、ホームでは「通りすがり」の人の出番が多い。特に介助が必要でない場合があるということは先に紹介したとおりではあるが、事故につながりかねない場合には、なんとしても防がなければならない。その人の動きに応じて、転落しそうな動きをとっていたらまず大きな声で危険を知らせるか、近くに寄って誘導を申し出る。電車の乗車口に案内するやり方は「いつも通り」でいいのだが、停車時間との関係があるから無理は避けたいものである。特に、長い編成の先頭付近では、ドアの開閉をする車掌との距離が三〇〇メートル近くにもなることがあるため、十分な注意が必要である。

限られた路線
「新交通システム」のほか、「合理化」が徹底してワンマン運転になっている営団地下鉄南北線、都営地下鉄三田線、東急目黒線など。

停車時間
東京のJR山手線では、午前一一時頃で一〇秒から四〇秒。一五駅中六駅で一〇秒だったという報告もある（「視覚障害者の鉄道利用における困難」村上琢磨『交通権学会誌』第一二号、一九九四年四月）。

Q29 もしもホームから転落した人がいたらどうすればいいのですか

新聞記事に、転落した視覚障害の人を他の乗客が協力して助けたというものがありました。大きな危険を伴うケースでは、実際にどうすればいいのですか。

救助しようとした人もろとも事故に遭ってしまう

二〇〇一年一月二六日、JR新大久保駅で酔客が線路に転落。救助しようと線路に飛び降りた韓国人留学生、フリーカメラマンとともに電車にひかれて死亡した。同駅には、救助に向かった二名の「勇気」を讃える記念のレリーフが設置されているが、当時は駅係員がホームにいなかったわけで、さて、賞賛するだけでいいのかな、と思ってしまう。

これが一番怖《こわ》い話だ。最悪のケースでは、救助しようとした人もろとも事故に遭ってしまう。緊急事態だからこそ冷静な状況判断が必要になってくる。

常に心がけておかねばならないのは、闇雲《やみくも》に線路内に立ち入らないということだ。また、必ず大きな声を上げて周囲の人とともに協力して救出にあたる。この二点は、決して忘れてはならない。

まず、ホーム上に「非常《ひじょう》ボタン」が設置されていたら、最も近くにあるものを押す。そうすると、駅付近にある非常信号が作動して列車が緊急停止するし、異常に気づいた駅の係員が現場に急行してくれる。列車を停止する措置《そち》をとらずに「救出」活動をするのは危険である。生命にかかわる事態なのだから、列車を止めることにためらいはいらない。また、非常ボタンがなく、駅係員もホームにいないときには、誰か一人は必ず非常事態の通報に、駅の事務室に駆けつけるようにしたい。

さて、ホームから人が転落したときに共通することではあるが、ホームによじ登ろうとするのが最も危険である。線路面からホームまでは一・五メートル以上あるのがほとんどで、しかも足場が悪い上に気が動転しているから、ホームにはい上がるのには非常に時間がかかり、進入してきた電車にはねられる確率《かくりつ》が高い。場合によっては、助けようと身を乗り出している人まで列車にはねられてしまう。それよりは、ホームの下や反対側に逃げるのが得策《とくさく》である。もちろん、隣接した線路がある場合には、そちら側の列車の接近にも注意が必要。線路内に電柱や機器箱などがあればそれにしがみついたり身を寄せるのが安全だ。そして、駅員の誘導によってホーム上に戻れば一件落着。従って、視覚障害の人が転落した場合には、どこに逃げればいいのかを的確に指示することが必要である。

列車の接近表示灯が設置されている駅なら、緊急性が判断できるから、安全が確保されている場合のみ、ホームから線路上に降りて安全なところに誘導すればいい。もちろん、駅の係員がすぐに来られれば、駅係員と協力して救出する。また、何人かで行動できるときは、駅員に通報する人、列車を止める非常ボタンを押す人というふうに分担する。こういうときは、大きな声を出して指示した者に協力するのがよい。

電車に乗ろうとして連結面などに転落した事故の場合には、より迅速《じんそく》な手だてが必要だ。車内に大声で知らせて、非常通報ボタンで乗務員に通報してもらったり、ドアの周辺部にある「非常コック」を開放して（ひねって）ドアが閉まらないようにしてしまったりして、その電車が動かないように手だてを講じなければならない。この場

足場が悪い

これも二〇〇一年の「新大久保駅事故」以来、ホームによじ登るための「足掛け」が設置されるようになってきている。けれど、これも本当に「安全」に役立つのだろうか。

合、実際の「救出作業」は乗務員や駅係員に任せた方がよい。

事故は、いつ起きるのかわからない。だから、どういうふうにすればいいのか、たとえばいつも使う駅ではどこに非常ボタンがあり、どこに駅員がいるのかなどを把握して、常日頃から考えていきたい。

Q 30 盲導犬ってどんな犬なんですか

街で視覚障害者が盲導犬をつれているのを見かけることがあります。どんな犬が盲導犬になれるのですか。また、どのように訓練されているのですか。

盲導犬《もうどうけん》は健気《けなげ》で愛らしい。まれに街で見かけると、つい見とれてしまうほどである。

盲導犬は、第一次世界大戦で視力を失った兵士のために、ドイツで考案されたものである。だから当初は軍用犬のシェパードが採用されたという。現在日本で盲導犬として訓練されているのは、ラブラドールレトリーバーという北米を起源とする犬種《けんしゅ》だ。もともと、漁船に乗り、人が入れないような冷たい海に飛び込んで、漁具などを回収するように訓練されていた。太くて長い尻尾《しっぽ》は、水中でバランスをとるために発達したもののようで、その名残《なごり》をとどめている。そういった「人犬《にんけん》関係」があって、人のために何かをして誉めてもらうのを喜びとする、心穏やかな犬になったという。

盲導犬の訓練をする施設は、現在日本に八カ所ある。生後一年間ほどは一般の家庭に飼育され、そこで人に十分かわいがってもらう。人のために何かをすればとても楽しいことがあると教え込まれるのだ。また、同時に基本的なしつけもこの時期にされる。そして訓練にはいるのである。訓練された犬のすべてが「盲導犬」になれるわけ

盲導犬
ほかに「聴導犬《ちょうどうけん》」などの「パートナードッグ」も用いられはじめている。

ではない。その犬の持つ性格で、例えば怖《こわ》いことがあるとすぐにほえてしまうとか、どうしても車が怖くて仕方ないとかいう犬は、盲導犬に「不適格」であるとされて一般家庭に引き取られるのだ。そして一連の基礎的な訓練が終了すると、パートナーとなる視覚障害者と寝食《しんしょく》を共にした訓練を行ない、盲導犬としてデビューする。

盲導犬の外見的な特徴は、「ハーネス」とよばれる金属製の引き具である。パートナーは掌《てのひら》の幅ほどの取っ手の部分を持って共に歩く。実際に持ってみると、犬の微妙な動きが伝わって、安心して歩ける。この「ハーネス」をつけているとき、盲導犬は緊張した状態である。常に上下左右に気を配り、パートナーが何かにぶつかったりすることのないように心がけるからだ。また、ハーネスをつけているときは、排泄《はいせつ》もしないように訓練されている。だから、ハーネスをつけている状態の盲導犬にはさわったりしてはいけないとされている。

盲導犬と一緒だと、視覚障害があっても気にせずに歩けるという。実際、他の歩行者を追い抜いているということが感じられることもあるらしい。盲導犬は何があってもパートナーを優先に行動する。たとえば赤信号などで進むのが危険なときにはパートナーが行けと命じても動かない。そのような「不服従」の訓練も受けている。盲導犬を連れている視覚障害者には声をかける必要がない、というわけではないが、安全の面では安心してみていればいいのかもしれない。犬の弱点は、案内表示を解読できなかったり、不慣れな道で人にものを尋ねられないということだから、そこで「人間」

盲導犬に「不適格」

そうであっても「介助犬」には向いている、ということもあるようだ。

不服従の訓練

たとえば、駅のホームなどからわざと落として、「ここを歩くと大変なことになる」と経験させたり、すぐ目の前で自動車に急ブレーキを踏ませて怖い思いをさせたりする。

参考図書
『ベルナのしっぽ』郡司ななえ著・角川文庫
『盲導犬誕生』平野隆彰著・ミネルヴァ書房
『盲導犬・40年の旅』河合洌著・偕成社

の出番ということになるのだろう。盲導犬を連れている人を誘導する場合は、ハーネスをもっている側と逆側に立ち、白杖を利用している人の時と同様に肘をもってもらう。また、「そこを右です」というように声だけで誘導してもいいとされる。ハーネスに触れたりしてはいけないのも、白杖を利用している人の誘導と同様の心がけだ。

最近、デパートなどで盲導犬同伴可能といった表示をしている店舗がある。本当は、「眼鏡をかけて入店してもいいですよ」といっているのも同然な、おかしな表示である。ただ、「盲導犬はふつうのペットと違う存在である」ということを周知するはたらきもあり、一概《いちがい》には否定できない。実際、以前は長距離バスの乗車を断られたという事例もあったし、まだまだ「社会」の盲導犬に対する認識は不十分である。

盲導犬の育成には数多くの人がかかわっている。そして盲導犬がそれぞれのパートナーを幸いにし、社会の理解を深めていく。ぜひ一度機会をつくって訓練施設の見学をすることをおすすめする。

盲導犬同伴可能のステッカー

全国8カ所の盲導犬訓練施設

北海道盲導犬協会	札幌市
栃木盲導犬センター	栃木県宇都宮市
日本盲導犬協会	東京都渋谷区（訓練所は神奈川県茅ヶ崎市）
アイメイト協会	東京都練馬区
中部盲導犬協会	名古屋市
関西盲導犬協会	京都市（訓練所は京都府亀岡市）
日本ライトハウス	大阪市（訓練所は大阪府南河内郡千早赤阪村）
福岡盲導犬協会	福岡市（訓練所は福岡県前原市）

なお、本稿は栃木盲導犬センターへの取材をもとに記述した。

Q31 盲導犬以外にも、「障害者」をサポートする犬がいるんですね

最近「介助犬」とか「聴導犬」などの紹介を見ることがあります。それらの犬についてはどのような制度があり、どう育成されているのですか。

近年、聴覚障害者のサポートをする「聴導犬」や、車椅子利用者のサポートをする「介助犬《かいじょけん》」などが紹介されてきている。しかし、それらの犬については、明確な規定がなく、「一般のペット」と同様の扱いをされることが多かった。たとえば、レストランや交通機関を利用しようとした場合、盲導犬入店可という店舗であっても、断られることが多かった。意外なことだが、すっかり定着した感のある盲導犬についても、規定は道路交通法のものだけで、どのような訓練を経て、どう育成されるのかという明確な法的根拠はなかったのである。

そこで、盲導犬、聴導犬、介助犬を「身体障害者補助犬」と位置づけて、その育成や社会的役割を明確にしようという法律が制定された。

この法律では、

「介助犬」とは、「肢体不自由により日常生活に著しい支障がある身体障害者のため

介助犬

千葉市の花見川区役所では、二〇〇二年四月から介助犬を連れた職員が勤務している。「みんな優しく接してくれるが、忙しいときは（物を落としたので拾ってほしいというような）ささいなことほど頼みづらい。独立した一人の職員として働きたい」と、ユーザーは語っている。（毎日新聞千葉版・二〇〇二年五月一七日）

に、物の拾い上げ及び運搬、着脱衣の補助、体位の変更、起立及び歩行の際の支持、扉の開閉、スイッチの操作、緊急の場合における救助の要請その他の肢体不自由を補う補助を行う犬」

「聴導犬」とは、「聴覚障害により日常生活に著しい支障がある身体障害者のために、ブザー音、電話の呼出音、その者を呼ぶ声、危険を意味する音等を聞き分け、その者に必要な情報を伝え、及び必要に応じ音源への誘導を行う犬」

というように、それぞれの役割を明確にした。そして、これらの訓練を施された犬であることを、ハーネスなどに表示した上で、公共機関や交通機関、不特定多数が利用する施設では、原則として「同伴利用」を拒んではならないと規定している。いままで、個別の補助犬がひとつひとつの施設や機関に利用の許諾《きょだく》を求めていた状況が、これで大きく改善されるだろう。

これらの「補助犬」が果たす役割は、ユーザーへのサポートだけではないのだという。補助犬を連れていることで、ユーザーの心理状態が安定したり余裕が出てくるということのほか、補助犬を通じて周囲の人との会話が弾むことがある。「この犬、賢いね、かわいいね」というところから始まる人間関係が、障害をもつ人への理解を深めることにつながっていく。

このようにして、身体障害者補助犬が制度化された。このような制度の常で、法律の枠の外側には必ずあたらしい状況が生まれる。たとえば、在宅酸素療法をしている人の酸素ボンベを運搬する「介助犬」が北海道で働きはじめた（毎日新聞　二〇〇一年一一月二九日）。この犬は、「法定外」の存在であるから、しばらくは理解を得るための苦労を強いられるかもしれない。できれば、法律の趣旨《しゅし》をくみ取って、このような犬についても「補助犬」に準じた処遇をするように求めていきたい。

参考図書

『介助犬シンシア』木村佳友ほか著・毎日新聞社

Q32 視覚障害の人と一緒に食事をするときにはどうすればいいですか

視覚障害の人と食事をする機会があります。料理や飲み物の位置はどのように教えればいいのですか。また、どんなことに配慮すればいいのでしょうか。

視覚障害の人と一緒に食事をすることもある。このときも、基本は「困ったときに手を貸す」である。

まず、テーブル上の皿の縁《ふち》に手をもっていって、そのお皿に何が盛りつけられているかを告げる。また、調味料も必要なものの所在《しょざい》を告げる。視覚に障害を持つ人は、「生活訓練」の過程で、手で何かを探るときには手を横に動かして、上下には動かさないというように訓練されているという。これは、何かの拍子《ひょうし》に料理や熱い汁物《しるもの》に手を突っ込んでしまうのを防ぐためである。

宴会《えんかい》などで、大皿に食べ物が盛られているときは、何があるのかをいって、欲しいというものを皿に盛りつける。ビールやお酒も、欲しいかどうかを尋《たず》ねてから注ぐ。いずれの場合にも、皿やコップはむやみに動かさず、動かしたらそのたびに食器の場所を手で確認してもらうことである。

よく、時計の文字盤になぞらえて「三時の方向に××があります」というような用

テーブル上の皿の縁に手をもっていく

例がある。たしかに右、左とだけいうよりはわかりやすいが、それよりは手を添えたほうがわかりやすいように思える。いうまでもないことだが、どちらに慣れているかによって異なるのだが。

宴会が、カラオケに流れることもあるだろう。曲の選択はまあいいとして、好きな人は自分で点字の歌詞ノートを作ったりもしているけれど、歌う人が歌詞を覚えていない場合には、斜め後ろぐらいに立って、次のフレーズを耳元にささやいて歌詞を教えるといい。少し早口に、聞き取れるくらいの大きさで。

これも、機会を経るごとに慣れて自然にできるようになる。何回でも言うけれど、慣れれば自然に気が回るようになるから、機会をたくさんつくることである。

時計の文字盤
「クロックポジション」ともいう。テーブルを時計の文字盤に見立て、六時が体のすぐ前、三時が右側、という具合。

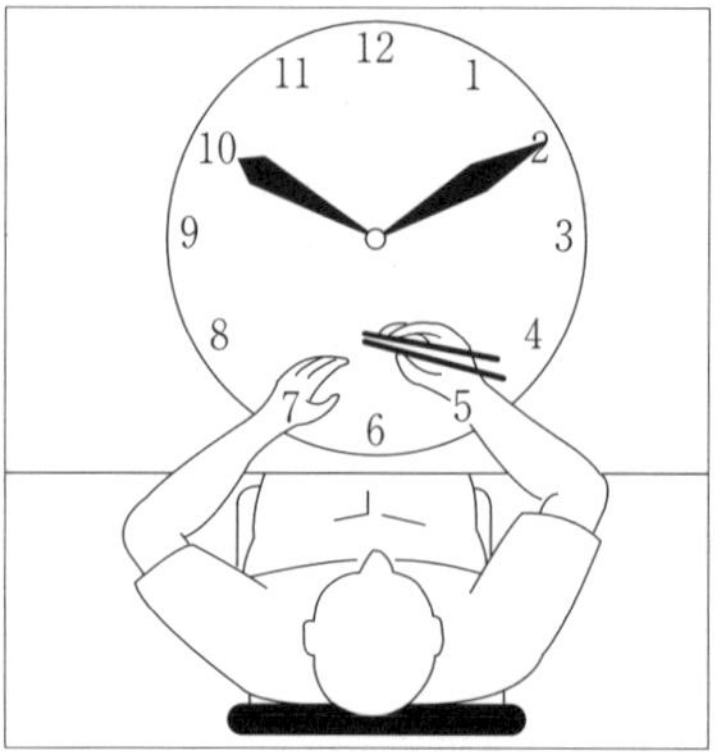

余談雑談④

こころにとどく工夫 とどかない工夫

もし手近にプッシュボタン式の電話機があったら、5番のボタンに触れてほしい。小さな突起《とっき》が出ているのがわかるだろう。これは、何もバリを取り忘れたわけではない。視覚障害の人は、この5番がわかることで、その位置関係からすべての番号の位置がわかるのである。

カード式の公衆電話につかうテレホンカードにも、右隅に半円の切れ込みが入っている。これは、視覚障害者に限らず、暗いところで電話をかけるときには便利な仕掛けだ。

で、今度はJRのオレンジカードを取り出してみると、切れ込みが三角形になっている。関東地区で使えるバスの共通プリペイドカードも切れ込みは三角形で、そうか、乗り物用は三角なんだなと合点《がてん》がいく。これらは、日本工業規格（JIS規格）の「プリペイドカード・一般通則（X6310）」で一九九六年版から明示《めいじ》されるようになった。

最近は、シャンプーのボトルにはギザギザがついて、リンスにはついていないというものが出回っている。これなんかも、洗髪《せんぱつ》のときには目をつぶっていることが多いわけで、視覚障害者に限らず、重宝《ちょうほう》な工夫である。紙パック入りの飲料も、牛乳にだけ半円形の切り込みがあるし、缶入り飲料で酒類には点字の表示が施されている。

このように、少しだけ何かを工夫するだけで、視覚に障害がある人ばかりではなく、様々な人々にとって随分《ずいぶん》と使いやすいようになる。日頃誰かが不便な思いをしていないかを気にし続けていた商品開発者の観察力の勝利といえなくもない。

それと逆の例をついこの間、JRの特急用車両で目撃した。

車両と車両の境の自動ドアなのだが、開閉用のプッシュボタンがドアではなく壁に取り付けられている。で、通ろうという人は、まずドアの取っ手に手をやって、開かないけどどうしたのかなと泳がせた視線の先にそのボタンを発見、それからボタンを押していた。軽く考えればニヤニヤ笑いですむけれど、実際には点字でのガイドもなかったわけで、視覚障害者には大変使い勝手が悪いのではないかと思うのだ。これは、いわば日頃利用者の使い勝手なんかを考えていないことの帰結《きけつ》なのかも知れない。

プロブレムQ&A

Ⅳ

「聴覚障害の人」と出会う

Q33 手話に関心が高まっているようですね

聴覚に障害を持つ人のために、手話でのニュースもはじまっています。聴覚に障害がある人への配慮には、どのようなことが考えられますか。

ある夜のこと。僕は電車の車両の端の席に腰掛けて、ぼんやりと隣の車両を眺めていた。途中の駅で一〇人くらいのグループが乗ってきて、楽しそうに話し始めた、「手話《しゅわ》」を使って。めまぐるしい手指の動き。豊かな顔の表情。隣の車両という距離感もあって、ただ単純に、あぁいい光景だなと見とれていた。

聴覚に障害をもつ人にとっての最も大きな困難《こんなん》は、音声による情報のやりとりができないことである。たとえば駅や車内のアナウンス、自動車の警笛《けいてき》など、音が把握《はあく》できないのは、大きな不便や危険を伴うこともある。また、聴覚に障害を持つ人の中には、言葉をうまくしゃべれない人もいる。そのことによって、意思の疎通《そつう》に困難が生じる場合もある。

テレビドラマで取り上げられたこともあるせいか、手話をはじめとした「聴覚障害者への関心」が高まっているように思える。また、電車やバスなどには次の停車駅を電光表示する機械が設置されるようになった。ただし、聴覚障害の人を意識する機会は、日常的にはあまりないかもしれない。

聴覚障害者は、音声情報を制約されている存在である。で、私たちの日常生活をかえりみると、音声情報というのが実はかなり重要な位置を占めているのが分かる。商店で買い物をするとき、道を誰かに尋《たず》ねるとき、私たちが音声でやりとりしている情報をどのようにして聴覚に障害を持つ人と分かち合うかということが課題となるのだ。

聴覚に障害を持つ人の一般的な「言語」として「手話」があげられる。各地に手話に関する講座やサークルがあり、テレビでも手話でニュースを伝えるといった番組が組まれていて、手話への関心は高い。しかし、聴覚障害者の介助イコール手話という風にはならないだろう。むしろ、手話ができなければ介助ができないと思いこんでしまうほうが厄介《やっかい》だ。手話ができなくても筆談などで意思の疎通や情報のやりとりは可能なのだから。もちろん知っているのに越したことはないのだが。

手話を積極的に取り入れようとしているのは、百貨店やファーストフードといった接客サービスの部門と、交番や図書館などの公共サービスの部門である。また、たとえばNTTは、聴覚障害者をはじめとする言葉の不自由な人たちのために「電話お願い手帳」を配布して、便宜《べんぎ》を図っている。

聴覚障害の人を特に意識しなければならない業種に、宿泊施設などがある。都内のホテルに勤務した経験のある人に聞いた話だが、聴覚障害者が宿泊される際にはフロントに申し送りがあって、そのお客様からの要望などは全て客室に特設されたファク

シミリを使ってフロントに連絡できるようにしたのだという。また、火災などの緊急事態に備えて、その宿泊フロアの係員が避難誘導《ひなんゆうどう》を最優先に行なうように事前に打ち合わせていたのだそうだ。また、宿泊施設によっては、非常ベルと連動してフラッシュランプが点滅する設備がある。

聴覚に障害のある人の介助を「通りすがり」にする機会はあまりないかもしれないが、どのようなことが準備されているのかということに、常に気を配っていたい。

Q34 聴覚に障害がある人とはどう話せばいいのですか?

聴覚に障害がある人との意思の疎通はどうやればいいのでしょうか。「手話」以外の手段には、どのようなものがあるのでしょうか。

聴覚に障害がある人との意思の疎通《そつう》ということでは、まず「手話」があげられる。手話は、手や指の形で物や様子を表すものである。いわば、「手で表す漢字」というようなものだ。また、一音ずつに対応する「指文字《ゆびもじ》」もあって、外来語や固有名詞も表現できる。これらは、それぞれの風土から出てきたものなので、当然のように「各国語」ごとに対応する手話は異なるし、語句によっては関東と関西で異なる場合もある。さらに、「ボランティア」をはじめとして、新しく使われるようになった言葉については、続々と新たな手話表現が生まれてきている。

手話は、いわば「聴覚障害者の母国語」なのだが、つい最近までは手話を使うということがはばかられるような雰囲気があり、実際に多くの聾学校《ろうがっこう》では手話の使用が認められなかった。これは、日本ばかりのことではなかったようである。「障害」を「恥ずべきもの」「克服すべきもの」ととらえる考え方、すなわち「聴覚障害者の言語ではなく、健常者の言葉で喋るべきである」という考え方が見て取れる。だから、聴覚に

聾学校

学校教育法第六章特殊教育第七一条によれば「聾者(強度の難聴者を含む)に対して幼稚園、小学校、中学校又は高等学校に準ずる教育を施し、あわせてその欠陥を補うために、必要な知識技能を授けることを目的とする」。改めて読むと、差別的感覚にあふれた条文である。

障害がある人の中には、十分に手話を修得できていない人もいる。現在でも、聾学校の教育課程に「手話」という科目はなく、聾学校の教職員に手話を出来る人はそれほど多くない。その一方で「総合的学習」や「ボランティア意識の高揚」も手伝って、「健聴者」の中で手話を習う人は増加している。健聴者は自らの意思で手話を習うことが出来るのに、聴覚障害者は手話修得の機会を得難いという逆転現象が生じている。

手話を用いない会話の方法に「読話《どくわ》（口話《こうわ》）」とよばれるものがある。これは、発声者の口の形を見て発せられた言葉を読みとるものである。一音ずつゆっくりと区切ればある程度は伝わるものなのだが、聴覚障害者に一方的に負担を強いるような感じではある。実際、「四時」と「五時」では口の形は変わらないのである。ただし、手話の心得のない「健聴者」は、この読話法と若干《じゃっかん》の身振りで意思の疎通を図るのがもっとも容易ではないかと思われる。

また、「筆談」も、意思の疎通を図る上では重要な位置を占める。最近は、駅の改札口などに「筆談ボード」が備えられることも多くなってきている。普通の会話のほか、「手話通訳」が確保できない会合などでは「要約筆記」という方法で発言内容を伝えることがある。発言者が話す内容を、用意しておいたノートに、いわば書き殴《なぐ》って、聴覚障害者に伝えるのである。ノートのほかにもＯＨＰでスクリーンに映したり、コンピュータに文字データを入力して、そのまま映写するなど、聴覚障害者がどこに座っていても会合に参加できるという体制をとる場合も増えてきている。

指文字一覧（相手に向けて右手を使用）

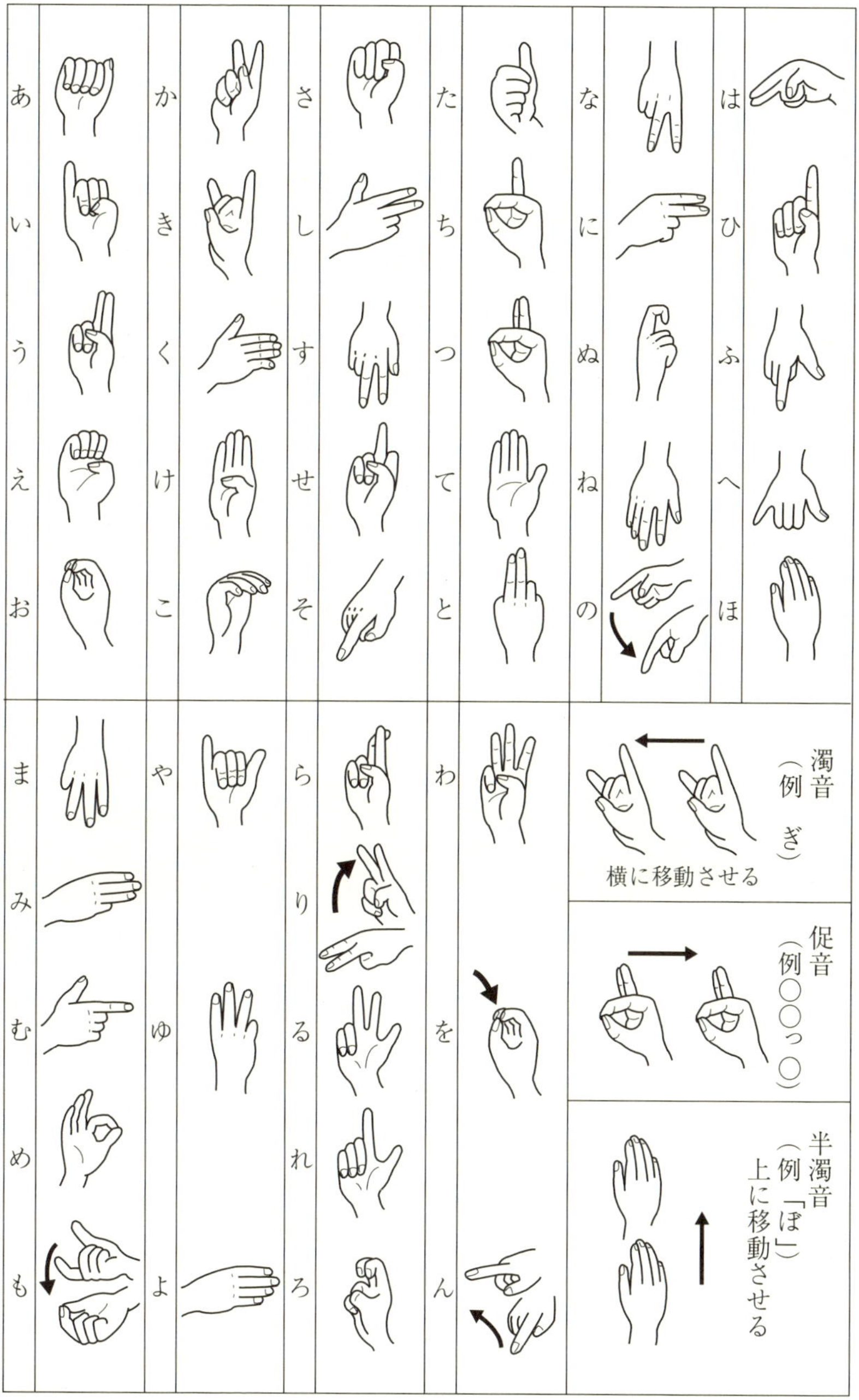

聴覚に障害を生じたのが生まれる前や生まれた直後なのか、あるいは成人になってからなのかによって、その人の言語の習得には大きな差異が生じてしまう。成人になってから聴覚に障害を持った人の中には、発声は健聴者同様にできて、逆に手話や読話が苦手だということもある。だから、聴覚障害者イコール手話というふうに思いこんでしまうのではなく、どのような方法が、その人にとってもっとも意思の疎通が容易な方法であるかということを考えればよいのである。

参考図書

『もうひとつの手話』斎藤道雄・晶文社

『手話ということば』米川明彦・PHP新書

Q35 携帯電話を持つ聴覚障害者が増えているそうですね

携帯電話を持つ聴覚障害者が多いということを聞きました。どのようにして使っているのですか。また、何か特別なサービスはあるのですか。

かつて、聴覚障害者にとって、待ち合わせというのはとても困難なことだった。約束の時刻に遅れそうなとき、急用や体調不良で遅れそうなとき、あるいは待ち合わせの場所がわからないとき。「健聴者」であれば、家の人に伝言をするとか留守番電話に吹き込んでおくなどの対応ができたけれど、耳が不自由だとそうもいかなかった。

その困難が、一気に解消された。携帯電話の「文字送信機能」である。以前は電話会社ごとに方式が異なっていたため、異なる会社の電話同士の送受信ができなかったが、現在では普通のEメールとして利用できるようになった。そのため、聴覚障害者で携帯電話を使う人はずいぶん多いようだ。

電話会社によっては、聴覚障害者を「顧客」としてきちんと位置づけて、窓口に手話のできる係員を配置したり、「聴覚障害者専用窓口」を設けているところもある。

そのような動きを受け、滋賀県警察本部では一九九九年から「一一〇番メール」の受付を始めている。事件や事故に遭遇した聴覚障害者が県警本部に「メール」でその旨を送信する。すると警察から折り返し「係員を派遣した」「その場で待て」などの指示が返信されるのである。東京消防庁でも、主に救急対応として、応急処置や救急車到着までの所要時間を送信することを検討中だという。

携帯電話は、心臓ペースメーカーの誤作動や補聴器の雑音の原因になるから無節操《むせっそう》な使い方は厳に戒めなければならないし、「電磁波」の影響を懸念《けねん》して各地で送信鉄塔の建設に反対する運動も繰り広げられているから手放しで喜んでばかりもいられないのだが、適切に活用すれば、障壁を除去するのに有効なのである。

プロブレムQ&A

V

マヒのある人、義足・杖を使っている人と出会う

Q36 「マヒ」という言葉をよく耳にしますが、どのようなことですか

体が硬直して動作が不自由だったり、声は出てもことばが不明瞭だったりする人がいます。「マヒ」しているというような言葉も聞きますが、どんな状態ですか。

脳や脊髄などの機能が損なわれると、身体が思うように動かなくなったり、不随意《ふずいい》運動をしてしまうことがある。一般に「マヒ」とよばれる状態である。

マヒは、機能が損《そこ》なわれた場所によって、両下肢《りょうかし》、両上肢《りょうじょうし》、半身、全身というようにあらわれる。また、視野が狭くなったり、声や言葉が出せなくなってしまったり、出しにくくなってしまったりもする。

発声などにマヒがあることと「知的障害」があることとはイコールではない。運動障害の一つの態様《たいよう》として障害が生じるのである。ところが、そのようなことを「知識」として知る機会がほとんどないから、世の中にマヒのある人に対しての「偏見」の嵐が渦巻いてしまうことになる。もっとも、「知的障害」に対する偏見が根強いというのも困ったものではあるのだが。

言語に障害のある人に対して、その年齢にふさわしくない、幼児に対するような言葉遣《づか》いをするような例が見られるということは、先にも述べた。そのほかにも、例え

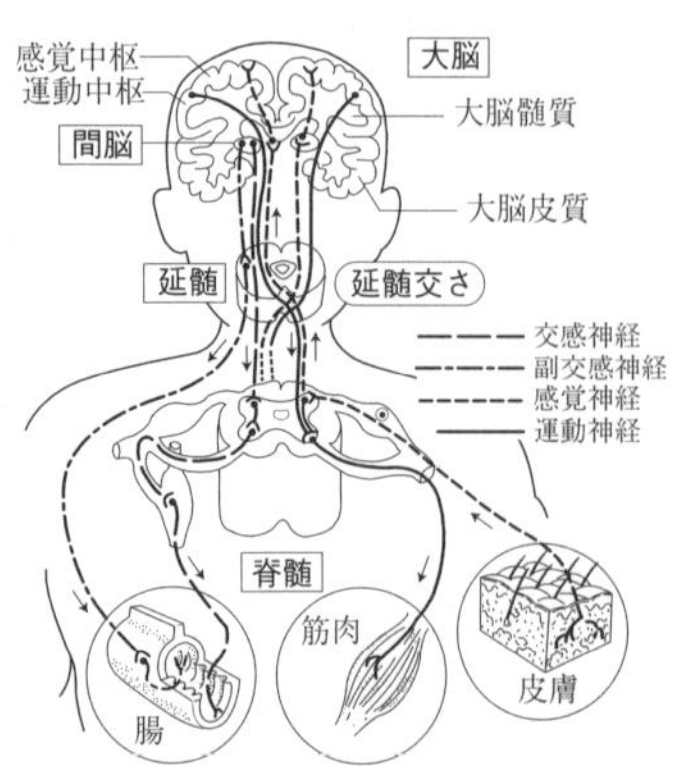

脊椎と脊髄

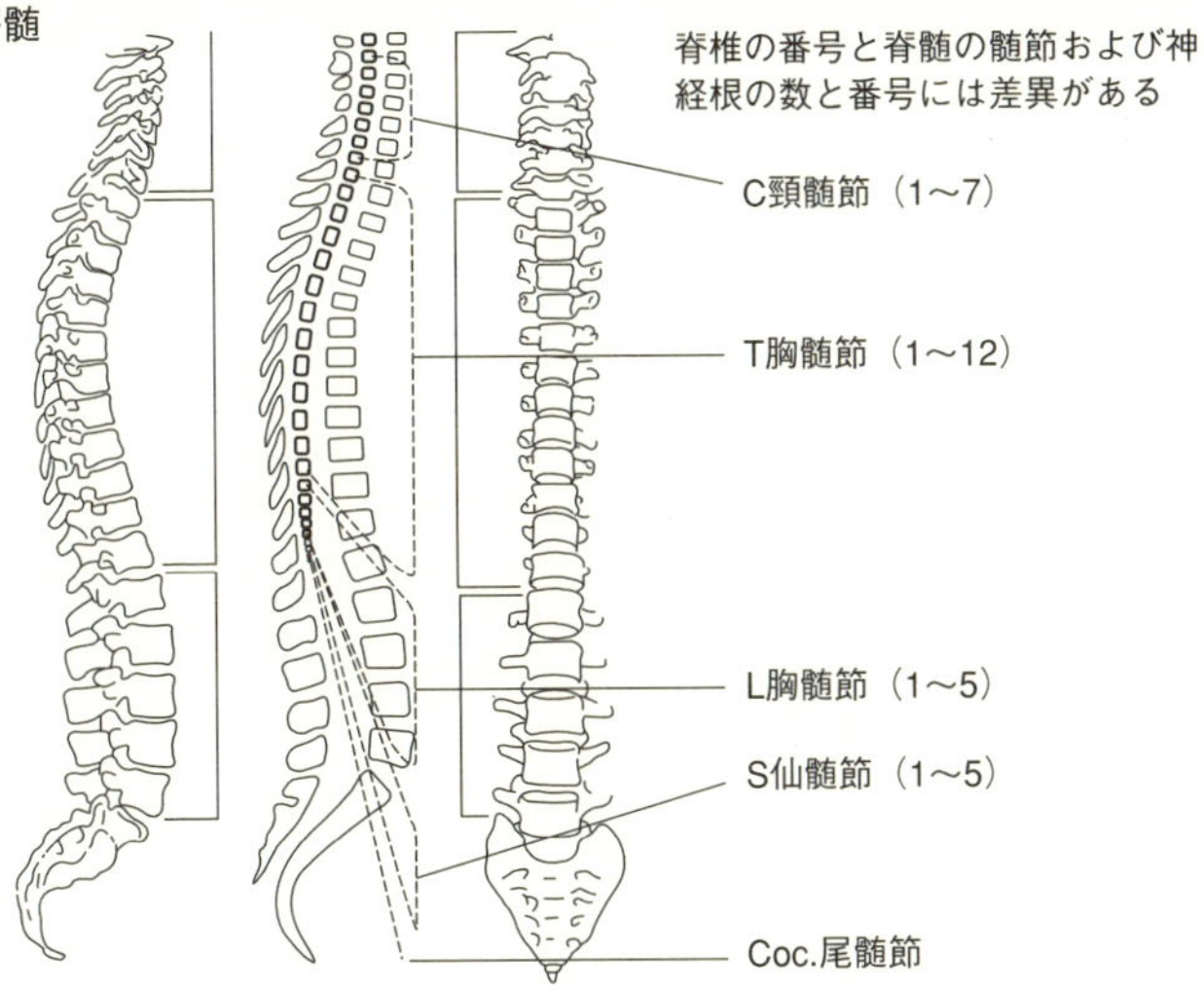

主要髄節とその運動機能

髄節	作用筋と機能
C_4	●横隔膜（C3〜5）はC4が重要。C4が残存すれば死に至らない　●胸鎖乳突筋、僧帽筋が働き肩甲骨拳上が可能　●三角筋以下の上・下肢筋すべてが機能しない
C_5	●三角筋、上腕二頭筋が有効　●C5上位では上腕二頭筋も機能するが、腕橈骨筋、回外筋はC5以下でなければ機能しない　●肩の屈曲・外転・伸展と肘屈曲が可能
C_6	●前鋸筋、大胸筋（C5〜T1）、長・短橈側手根伸筋〔C（5）6〜7〕が機能 ●尺側手根伸筋〔C（6）7〜8〕は機能せず、広背筋が不全ながら作用 ●短橈側手根伸筋、円回内筋はC6以下で作用　●手関節背屈が有効にできることは機能的予後に重要　●手指機能まったく不能
C_7	●上腕三頭筋（C6〜8）、橈・尺側手根伸筋（C6〜8）、総指伸筋〔C（6）7〜8〕が機能手関節機能は完全　●手指屈曲はtenodesis actionで弱く、母指機能も不完全 ●胸腰椎、骨盤を結ぶ広背筋（C6〜8）が機能することは重要
C_8	●手指屈曲は完全で実用的握力となる　●母指機能は完全となるが手固有筋の機能は弱い ●指の内外転、つまみ動作は不完全
T_1	●短母指外転筋（C7〜T1）の機能が加わり、上肢機能は完全となる ●Guttmannは短母指外転筋はT1の単独支配という
$T_{2\text{-}12}$	●高位により肋間筋、腹筋、傍脊柱筋が下位ほど加わってくる
L_1	●腸腰筋（T12〜L3）がわずかに機能するのみで弱い股屈曲が可能　●腰方形筋が強力となる
L_2	●腸腰筋は十分に機能。内転筋群（L2〜4）は弱い　●大腿四頭筋（L2〜4）はほとんど機能せず
L_3	●腸腰筋、内転筋群は完全に機能。大腿四頭筋は弱いが機能する
L_4	●大腿四頭筋は完全に機能。前脛骨筋〔L4~（5）〕の機能が加わり、膝伸展、足関節背屈、内反可能となる
L_5	●大臀筋〔L（4）5からS1（2）〕は機能せず　●中・小臀筋〔L（4）5〜S1〕が機能している ●膝屈筋群の内側膝屈筋群（L4〜S1）は機能するが、外側膝屈筋群〔L（4）〜S2〕は機能しない　●足関節底屈筋、外反筋は機能せず
S_1	●大臀筋はやや弱いが、股周囲筋と膝屈曲筋は正常となる　●ヒラメ筋および腓腹筋は弱いが機能してくる　●足指伸筋も機能するが屈筋は弱い

ばレストランなどで、その人に尋ねればいいことを介助者に尋ねたりする例も見られる。コミュニケーション上の障壁は、単に「発声の障害」なのに、話しかけてももらえないことにつながってしまう。

言語に障害がある人の話を聞くというのは、慣れないうちは難しい。それで、わかってないのに生返事《なまへんじ》をしてしまうことがあるのだけれど、それはいけないことだとされている。わかるまで何回でも問い返せば、たとえば表現の仕方を変えるなどの「工夫」をしてくれて、必ず会話として成立するのである。これは、実のところお互いの体調にも関係していて、介助者が疲れているときには「言葉」がなかなかわからないこともある。

また、歩行が困難な人が歩いているのを好奇な眼差《まなざ》しで見つめたり、「かわいそうね」といったりするのも、多くの場合は「大きなお世話」である。もちろん、進路の先のドアを開けておいてもらうなどはありがたいことではあるが。

街でマヒのある人を見かけても、特に困ったこともない様子であったら、ふつうの歩行者として接すればいい。階段や、駅などで困った風であれば「何かお手伝いできることはありますか」と声をかける。そのようにすればいいのである。

発声の障害

声は、肺からの呼気を声帯を震わせることで音にし、口の形や舌の動きによって音節を形成する。だから、該当する個所の筋肉の不随意運動などがある人は、発声が思うようにできないのである。

「大きなお世話」

ほかに、「がんばって」という言葉も評判が悪い。

Q37 マヒのある人と食事をするときにはどうすればいいのですか

マヒのある人と一緒に食事をするときには、場合によっては直接に食事を手伝う必要があるかと思いますが、どんなことをお手伝いすればよいのですか。

友人の、脳性マヒで電動車椅子を利用している人と昼食をとったときのこと。「行きつけ」だという松戸駅前のイトーヨーカ堂の中華料理屋に入って「いつもの」餃子とビールを頼んだら、餃子にはフォークが、ビールにはストローがついてきた。特に何をするわけでなく、これだけでも、十分な「食事の介助」である。何回も行くうちに店を「教育」してしまったわけだ。そのことを別の人に話したら「でもね、それを全部の車椅子の人がそうだっていう風にその店が考えちゃっても面倒《めんどう》なんだけどね」ともいわれたのだが。

食事の時にどのような介助が必要かということは、その人のマヒの態様《たいよう》にもよる。フォークやスプーンとストローがあれば特に手助けは必要なく、何の支障もなく食事ができる人もいるし、全てに介助が必要な人もいる。また、湯呑《ゆの》みが持てないなどの理由で、お茶などを飲むときにだけ介助を頼まれる場合もある。多くの場合、何をどういう風にすればいいのかは、本人が教えてくれる。

脳性マヒ
胎児期から出生直後にかけての時期に生じた脳の障害による運動障害の総称。筋肉が強く萎縮《いしゅく》を続けたり、逆に弛緩《しかん》したりする。言語障害を伴うこともある。

本人が教えてくれる
また、使いやすく工夫・加工した食器を用意していて、それに移し替えたりすることもある。

二人羽織

食事の介助は、言い方は誤解を招くかもしれないけど、いわば二人羽織《ににんばおり》である。自分が食べるくらいの大きさに食材をほぐして、自分の口ではなく、相手の口に入れる。まあ、そういうようなことだ。もちろん、咀嚼《そしゃく》する力の関係などで大きさや、どこに箸《はし》を運ぶかは配慮しないといけない。中にはあらかじめ、口のどちら側に食べ物を運んだらいいかとか、そういった「マニュアル」を用意している方もいる。

ぼくが初めて食事の介助を頼まれたのは、ある障害者団体の全国集会の送迎のボランティアをやったときのこと。人手が足りないからと、何も知らないままに弁当をもった車椅子を利用している人とペアになった。自分が食べるつもりで介助すればいいやと、大した力みもなくやったものだった。どんな介助にも共通することだけど、急がない、力まない、それから、自分が日常的にやってるのと同様にする（よく、施設の食事の時に、何でも混ぜてしまって「食べさせられる」っていうことを聞くけれど、自分がそんな食事を強制されたらイヤだもんね）、そういうふうなやり方でいいんじゃないかと思うんだ。

慣れて余裕が出てくると、自分の食事と同時にできるようになる。会話を楽しみながらの食事も楽しいものだ。

寄席の芸の一つ。正座している人の羽織の背後にもう一人が隠れていて、両手はその隠れている人が出している。で、湯呑みや食べ物を口に運ぼうとすると頓珍漢《とんちんかん》な動きになってしまってそれがおかしいという、そういう芸である。

口のどちら側
マヒなどのため咀嚼しやすい側があることが多い。

人手が足りない
よくある状況である。最も困るのが、当日になって「やっぱり行けません」と言われることで、それがまたよくあることだから、余計に困る。

Q38 言葉が不自由な人と会話をするにはどうすればいい

言葉が不自由な人と話をしようとすると、何回も聞き返さねばならなかったりして、不快な思いをさせてるんじゃないかと心配です。

言語に障害をもつ人との会話は、聞き取る側が変に身構《みがま》えてしまってうまくいかないことが多い。基本的には注意深く聞くことと、わからないことはちゃんと聞き返すことである。わからないのに生返事《なまへんじ》をしたり、相手が言おうとするせりふを先取りしてしまうことがあるけれど、やはりキチンとしたやりとりをしなければいけない。

言葉が不明瞭《ふめいりょう》な人と会話をするときには、自分の耳を相手の口元に近づけて、注意深く聞くということが必要だ。もちろん、「ないしょばなし」のようにぴたりとくっつけるとかえって聞き取りにくくなるが。そして、聞き取れなかったときには、その箇所をもう一回言ってもらう。それでもわからなければ、おそらくは言い方を変えてくれるとか、そういうふうになるから、そして、そういうふうに何回も聞き返すことは決して「失礼」なことではないから、お互いに辛抱《しんぼう》強く、わかるまで言葉を交わすことだ。実のところ、その人の発声の癖《くせ》などがつかめるまではうまく聞き取れなかったり、久しぶりに会った人だと、しばらくは上手に聞き取れなかったりということもある。いずれの場合にも、途中で会話することを放棄《ほうき》しちゃいけないと思う。だって、会話は人間関係の基本をなすものだからだ。

言語が不自由な人の中には、五〇音図を携帯《けいたい》して、こちらが聞き取りにくい単語などを指で指し示してくれることもある。また、介助者が「あ、か、さ、た、な……」と、五〇音の「行」をいい、例えばナ行でうなずいたら「な、に、ぬ、ね、の」といって、またうなずいてもらうというぐあいにして一音ずつを特定して、単語にたどり着くというやり方もある（このやり方でよくやる失敗は、濁音《だくおん》を忘れて「あ、か、さ、た、な、は、ま、や、ら、わ」のどこでもうなずいてくれないからもう一度「あ、か、さ、た、な」と繰り返す堂々巡《どうどうめぐ》りにおちいるものである。ちゃんと「が、ざ、だ、ば、ぱ」を思い出さないといけない）。

言語に障害を持つ人の中には、ノートパソコンほどの大きさの合成音声装置《ごうせいおんせいそうち》を使用している人もいる。五〇音のキーボードを操作するとディスプレー上にかな文字が表示され、ある程度の分量を入力したらまとめて喋《しゃべ》るという仕組みである。音量や、男声・女声の使い分けや、「喋るはやさ」などの調節もできる。機械特有の平板な感じでもなくなってきている。

この「合成音声装置」を使った電話が初めてかかってきたときは、なんとなくワクワクしてしまった。「私は言葉が不自由なので機械でしゃべります」という音声のあと、電話の向こうでキーボードを操作する電子音と、相手の息づかいが聞こえてくる。あぁ、すごい機械があるんだなって思ったのが、もう一〇年以上前のことだ。また、この機械のすごいところは、視覚障害の人と聴覚障害の人と、発声がマヒしている人が、これを媒介《ばいかい》にして会話できるということで、あるイベントでその光景を間近《まじか》に見て、単純に感動してしまった。視覚障害の人とは合成音声で、聴覚障害の人とはディスプレイ上の文字で、意思の疎通《そつう》ができたのである。

言葉が不自由な人の介助をしていて最もいらだつのは、たとえばレストランなんかで本人に聞けばいいことを介助者に問いかけるというようなことである。また、言った当人に悪気はないのだろうが（もっとも、問題意識を持たないという点では問題はもっと大きいのだが）「通訳して」と言われたりするのも不愉快《ふゆかい》である。また、会合などでは「時間の都合」（なんていやな言葉だろう）で、介助者が全体に聞こえるように言いなおしをすることがある。そんなときに、本人が言ってるときよりも介助者が言うときのほうに意識を集中しているのが歴然とする場合がある。これらはつまり言葉を直接交わす気がないということのあらわれで、とても不愉快である。

言葉が不自由であるという理由でその人との直接の意思の疎通を拒《こば》むという「社会」のあり方は、介助をしているとしょっちゅう遭遇《そうぐう》する。そのことへの怒り、苛立たしさをぜひ感じてほしい。

Q39 杖にもいろいろな種類があるのですね

杖はどのような人が使っているのですか。また、少し注意して見ると、杖にもいろいろな種類があるようです。どのように使い分けられているのですか。

杖は、とても身近な道具だ。「朝は四本足、昼は二本足、夕は三本足」というスフィンクスのなぞなぞがあるくらい、昔から人々の歩行を文字通り支えてきた。

杖の機能は、大きく分けて転倒防止《てんとうぼうし》と体重を支えることの二つに分けられる。転倒防止は「転ばぬ先の杖」という諺《ことわざ》もあるように、とっさの時にバランスをとる（その意味では、体重を支えるということでもあるのだが）ために使う。高齢になるにしたがって、足下が見づらくなったり、ちょっとした段差につまずきやすくなったりする。転倒事故による怪我で外出の意欲が低下したり、長期の療養で身体機能が低下したりするから、高齢者は転倒しないということが何よりも大切な心がけで、だから、なるべく早くから杖を持って使い慣れておいた方がいいという人もいる。近年は、ファッション性も考慮した杖が出回っている。ただし、その人の身長や手の大きさなどで、使いやすい杖の寸法が異なるから、きちんとした採寸が必要だ。

怪我や疾病《しっぺい》が理由で半身の機能が低下あるいは喪失している場合にも杖が必要だ。

ある意味でもっとも身近なのが「松葉杖《まつばづえ》」だろう。足の骨折などにともなう「一時的利用」も多い。両脇で体重を支えるので、円滑に通行するには一・二メートル以上の通路幅が必要だとされている。また階段の上り下りも、やってみると（特に骨折でギブスを使っているときはバランスもとりにくいから）とても困難だ。特に、最後の二〜三段程度、手すりが途切れてしまっている場合は（最後に気がつくわけで）たいへんに困ってしまう。

一般的に用いられるのは「T字型杖」だ。これは、掌ですっぽりにぎって体重を支える。適切な杖の長さは、靴を履いた状態でおおむね足の付け根の長さだといわれている。上腕部と掌で体を支える杖もある。これは、T字型の杖よりも体重を支えるのが容易である。

杖を使っている人は、転倒の危険がきわめて高いのだという認識を持っておきたい。先を急いでいるときには、歩行が不自由な人の動きにいらだったりしがちで無理矢理に追い抜いたりしがちだが、そのようなことで転倒させてしまうこともあるのだから、決してしてはいけない。どんなときでも、早く動ける人は、遅い動きの人に合わせて行動すること。そして、安全に追い抜けるところで早く動く。そのことを常に心がけたい。

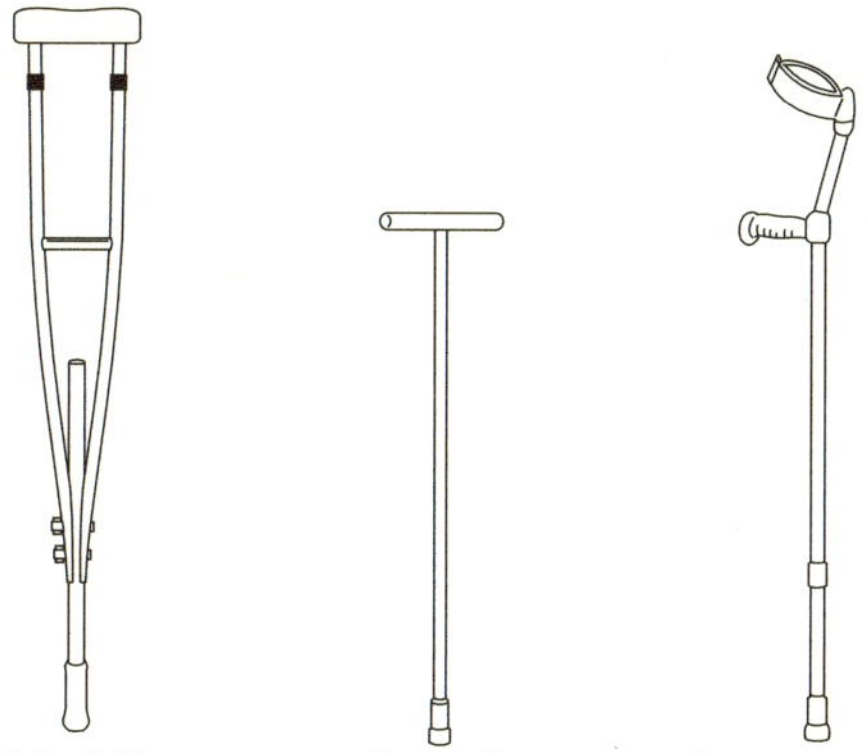

①松葉杖　②T字杖　③ロフストランド杖

Q40 義足を使っている人に対して、どんな配慮が必要ですか

義足を使っている人にとって、現在の街のどのようなところが不便ですか。私たちが心がけなければならないのはどのようなことですか。

病気や事故などの理由で、足を切断した場合、義足《ぎそく》を装着《そうちゃく》することになる。童話のイラストやアニメ映画の「海賊《かいぞく》モノ」などに登場する、棒状の義足や鉤型《かぎがた》の義手《ぎしゅ》のイメージが強いが、現在は膝関節を備えたものや、マイクロエレクトロニクス技術の採用で安定した歩行やスポーツも可能なものが増えてきている。

義足が一般的になったのは、第一次世界大戦の後からだという。それまでは「職人」が一人一人に異なる義足を作っていたのを、ドイツのメーカーが共通の部品を組み合わせて作り上げる方式を採用した。そのことでコストも安く、短時間で供給できるようになり、現在では、ほぼ世界中で同一の規格による義足が供給されている。

義足利用者が最も緊張するのが、駅のホームだという。というのは、ほとんどの義足では、膝関節が外からの衝撃に対して無抵抗に「折れて」しまうからだ。学校の朝礼なんかでやっただろ、友人の背後に回っていきなり膝の裏を「カックン」とやる遊

び。あれがいわば百発百中で、極《き》まってしまうのだ。だから、ホームで立ち止まっているときに誰かがぶつかってくると、それだけで転倒してしまう。時には、立ち話に夢中になってふとした気の緩みから転ぶことさえある。

「だから、電車を待つときも列の先頭に立たないようにしているんです」

　友人の義足使用者は、そう言った。

　それから、階段もそうだ。上りの時も下りの時も、手すりは重要なのだが、最近は階段の手すりをふさぐように座っていたり、立ち話をしていたりする人をよく見かける。そう考えてみると、日常生活でよく見かける光景が「バリア」になってしまっているということが、実は多い。

　義足利用者は、外見的にはまったく区別がつかない。ふつうに長いズボンをはいているのだから。杖を持つ人も多いけれど、持たない人もいる。だから、一般的な注意として、人混みでは人にぶつからないとか、階段で座り込まないとか、そういう配慮が大切である。

余談雑談⑤

「地雷」と義足

「そう言えば、シソワットは片足がないのよ。地雷でなくしたの。あんまりたくさん火薬が入ってなくて、人が踏んでも死ぬほどの威力はない。その人が敵の側の負担が増えるでしょ。足の不自由な人を養っていかなければならないわけだから」

彼は黙って聞いていた。

「アメリカがヴェトナム戦争で使った戦略をポル・ポトはそのまま踏襲したわけ。カンボジアという国はどこもかしこも地雷だらけよ。地雷原にはそういう対人殺傷地雷が一メートル四方に二つずつ埋めてある。プラスチックや竹で作ってあるから、探知機でも見つからない。それが国中いたるところにある。そのままでは国土全体が使いものにならないわけだけど、でもいったいどうやってそれを全部片づけるの？　その作業の途中でまた何千人が怪我をするの、足をなくすの？」

（『タマリンドの木』池澤夏樹、文春文庫）

戦争が、もっとも重大な「身体障害の原因」であることは、おそらく疑いがない。戦争があるたびに、たくさんの人が犠牲になる。かつて戦争で負傷し、生命を奪われるのは「兵士」ばかりだったのだが、最近は、アメリカによるアフガニスタンへの攻撃にみられるように、兵士は無傷で、一般民衆ばかりが傷つき、生命を奪われる状況にある。

現在、もっとも厄介な問題として取り上げられるのが「地雷」である。カンボジアやアフガニスタンなど、地上戦が行なわれていたところには、たくさんの地雷が埋設されている。地雷は、「対戦車地雷」と「対人地雷」に大別される。世界の約六〇カ国に埋設されている地雷は、六、七千万個と推定されている。地雷による死者は一週間に五〇〇名を超え、二〇分に一人が世界のどこかで地雷の犠牲になっているという。また、最近は、手や足を奪う程度の「弱い」地雷が多くなっている。これは、戦闘時には「死者は置き去りにできるが負傷者は見殺しにできない」ことから戦闘能力を低下させる「効果」があり、また、障害を負う人を増やすことで、国力を低下させることも目的としているからだ。実際、被害者の八割は非戦闘員で、その三割は一四歳以下の子どもだとも報告されている。

国連では「対人地雷の使用、貯蔵、生産及び移譲の禁止並びに廃棄に関する条約」（オタワ条約）を定めた。締約国は、いかなる場合にも

一、対人地雷を使用すること

二、対人地雷の開発、生産、取得、貯蔵、保有、移譲することが禁止され、すでに保有する対人地雷を廃棄することとなっている。

また、地雷の被害にあった人々に対して、民間の様々な団体が支援を行なっている。

地雷の除去作業とともに、被害者に対する医療や教育、経済的支援が重点項目として位置づけられている。義足を製作する技術者がカンボジアなどに出向き、地元の人への技術指導をする例も数多く報告されている。

平和こそが「バリアフリー」のもっとも基本的な条件だということが、地雷に関するさまざまな取り組みからわかるだろう。

（参考・地雷廃絶日本キャンペーンホームページ http://www.jca.apc.org/banmines/)

プロブレムQ&A

Ⅵ

「知的障害の人」と出会う

Q41 「知的障害」の人とは、どうつきあえばいいのですか

知的障害というのは、どのようなことですか。また、知的障害を持つ人と接するときにはどのようなことに配慮をすればいいのでしょうか。

街で「知的障害」の人と行き会う機会というとどんなことを思い浮かべるだろうか。そして、自分は「偏見《へんけん》」をもっていないと言い切れるだろうか。

「知的障害」を辞書的にいえば、「種々の原因により、出生後の早期《そうき》から主として知的機能の働きが未発達の状態にとどまり、かつ社会的・行動的適応においても、同年齢の子どもの水準より著《いちじる》しく低い状態を示す」ということになる。法律としては「知的障害者福祉法」があって、「社会を構成する一員として、社会、経済、文化その他あらゆる分野の活動に参加する機会」を保障されているのだけれど、実は法律として「知的障害者」の定義はない。「知能指数」が一定数値以下の人を「知的障害者」と称しているのである。

「知的障害」をもつ人々は、常に大きな偏見に囲まれていると言ってもいいだろう。そのもとになる一つが「得体が知れない」という印象だ。知的障害をもつ人の中には、周囲の状況に関わらず自分の関心や感情に没入《ぼつにゅう》してしまう人がいる。たとえば、電車

知的障害

かつては「知恵おくれ」「精神薄弱」という言葉が使われていたが、知的障害があることが「劣っている」というような偏見・差別を助長するとして、近年「知的障害」という用語が使われている。法律用語としては、一九九九年四月一日から改められた。

知能指数

「知能程度を科学的、客観的に測定する「知能検査」の結果得られる数値。検査法が科学的で客観的だからといって、その結果の解釈が科学的で客観的でなければ何にもならないということは、言うまでもない。

で「車内アナウンス」をまねると言うことや、比較的大きな声で独り言を言い続けるという光景は、案外よく見かけることである。そして、そのような行動を「特異《とくい》なもの」「奇異《きい》なもの」と感じたときに、人々は「自分とは異なる世界の存在」として、知的障害をもった人を心理的に排除してしまうのではないだろうか。電車や街中で「知的障害者」に向けられる視線には、多くの場合その人を蔑《さげす》んでいる感情が見受けられる。そのような一瞥《いちべつ》は、つまり「健常者ワールド」の狭量な世界にとらえられている証でもある。

その偏見は、知的障害をもつ人が「何もわからない」あるいは「自分では何もできない」ということにつながってしまう。たとえば、商店で何か欲しいものを言っても取り合ってもらえなかったりすることがあるという。また、たとえば行列で列を乱したり割り込んだりしたときに、他の人には決して言わないようなきつい口調で罵倒《ばとう》をするという例もある。得意不得意の個人差は大きいものの、たいていの場合、会話はきちんと成立するのに。

知的障害者と会話をするときに心がけた方がいいのは、きちんとその人の方を向いて話しかけるということだ。何かの作業をしているときに、相手の方を向いてしゃべらないと、「自分に話しかけているのではない」と思ってしまうこともある。また、列を乱してしまったようなときは、一緒に列の後尾まで行って「この人の後をついてきて」というように、具体的に話すことも心がけたい。

知的障害をもつ人がいても、それが街の本来あるべき姿なのだと思うことが必要だ。他のあらゆる「障害」と同様、知的障害をもっていても人間としては対等なのだから、好奇の眼差しで見つめたり、必要もないのに世話をやくことはない。ただ、具体的に、たとえば鉄道線路内を歩いているといった危険な行動をしているとき、あるいは誰かに危害を与えかねない行動をとっているときにだけ、その行動に関心をもてばいいのである。実は、そんな行動は滅多《めった》にないことなのだけど。

知的障害をもつ人と接するときに必要なのは、いわゆる「介助」なのではなく、私たちが「偏見」のバリアを取り除くことなのである。

必要もないのに世話をやくことはない

でも、手を振られると、つい小さく振り返しちゃうんだけどね。

Q42 ノーマライゼーションとは、どのようなものですか

よく耳にする「ノーマライゼーション」という言葉は、知的障害者の権利保障から出てきたそうですね。具体的にはどのようなことですか。

ノーマライゼーションという言葉は、障害をもつ人一般の「社会参加」という程度の意味で用いられることが多いのだが、この言葉は、知的障害者の権利を確立するという考えに基づくものとして用いられたのがはじまりだ。

一九六〇年代、デンマークのバンク・ミッケルセン氏とスウェーデンのベンクト・ニィリエ氏が、知的障害者が「収容」されている施設の中での非人間的な処遇を改善すべきであるとして主張をはじめた。一九五九年に制定されたデンマークの法律では、すでに「知的障害者が、できるだけノーマルな生活が送れるように」と述べられており、その「ノーマル」とはどのようなものかという問いかけを行なったのである。

ベンクト・ニィリエ氏は、ノーマライゼーションを八つの段階に分けている。

一　ノーマルな一日のリズム

朝起きて着替えをするところから、夜就寝するまで、「ノーマルなリズム」で生活

非人間的処遇
　ベンクト・ニィリエ氏は「アウシュビッツ」にたとえている。実際、日本でもかつて、本人の同意を得ないで重度障害者の「子宮摘出」を行なったり、入所施設内での婚姻を認めなかったりという例があった。

する。知的障害があることを理由に、他の人と異なる食事時間になったり、必要以上に早く寝なければならなかったりしないということ。

二　ノーマルな生活上の日課

ほとんどの人は、家から学校や職場に行って社会生活を営むし、様々な場所で余《よ》暇《か》を過ごす。知的障害があることを理由に、常に一つの施設にいなければならないということは避けなければならない。

三　ノーマルな一年のリズム

家族と共に過ごす休日や、お祝いなどの行事、季節ごとのレクリエーションなどで一年間のリズムがつくられるべきである。

四　生涯《しょうがい》を通じたノーマルな発達経験

子ども時代には肉親や教職員などの愛情に育《はぐく》まれ、また、同年代の友人と共に成長し、成人したらきちんとした「大人」として尊重される。そして社会の一員として参画《さんかく》することが必要だ。

五　知的障害者本人の選択、要求、願望が配慮され、尊重されること知的障害者が参加する活動について、本人たちの意見を尊重したプログラムが実施されること。

六　ノーマルな異性との交流

一般社会と同様に、男女が自然に暮らすことで、生活の意欲が高まったり、人格形成にも良い影響を及ぼす。また、各種施設においても、男女両方の職員を配置すべきだとされている。

七　ノーマルな経済水準の保障

食事や住居に関する経済的な保障はもとより、個人的に自由に使える一般的な金額の「ポケットマネー」も保障される必要がある。買い物をしたり金銭を管理することが、より自立した生活を送るトレーニングともなる。

八　一般の市民施設と同様な基準に基づく運営

知的障害者が利用する施設は、近隣《きんりん》の人々と施設を利用する人が自然にとけ込める規模であること。孤立した場所に設置してはならない。

これらを貫いているのは、知的障害者だからといって「特別扱い」をせず、まして

「隔離」したり「排除」したりせず、対等な市民として同じ街の中で暮らしていくべきだという考え方である。そして、そのような環境の中では、知的障害をもつ人々が経験や学習をする機会が保障され、自分の能力を十分に形成できるようになるという。

現在の日本の社会で、この「ノーマライゼーション」の八つの原理が意識されているかを、今一度考えなおしたい。

参考図書

『ノーマライゼーションの原理』ベンクト・ニィリエ著、現代書館

Q 43 知的障害者の高校進学が進められているそうですね

各地で、知的障害のある生徒が普通高校に進学しているそうですね。どのような手続きがとられていますか。また、問題はないのですか。

近年、さまざまな障害があっても「地域」で暮らしていきたいという人が増えてきている。そのような中で、「養護学校《ようごがっこう》」ではなく、地域の「普通学校」に通い、同年代の人たちと「普通に」時間を過ごしていくという取り組みも増えてきている。

現在、高校の進学率は九〇パーセントを超え、特別な事情がない限り、高校へ進学するということが「当たり前」になってきている。そこで、知的障害があっても普通高校へ進学し、中学までと同様に地域の同年代の人たちと学んでいこうという運動が進められている。

高等学校は「義務教育」ではないので、志願者が多い場合には「学力検査」の結果なども加味しながら、選抜が行なわれる。その一方、志願者数が募集定員に達しない学校もあり、そのような学校で「定員内不合格」を出さないという形で、知的障害を持つ人の高校進学が実現しているのである。

もちろん、このような運動が「順調に」進んでいったわけではない。

千葉県を例に挙げると、家族を中心にした人々が「千葉『障害児・者』の高校進学を実現させる会」を結成し、県の教育委員会などと交渉を始めたのが、一九八九年。「学力」や「コミュニケーション能力」を理由に定員内でも不合格にする姿勢を改めない状況が続く中、学校で「人権教育」を担当する教職員との交流も進めながら、「障害」に対する理解を深めるように交渉を続けた。

一九九六年三月、会から二名の合格者が出て以降は、定員内不合格が（まだゼロにはならないものの）ほとんどなくなり、普通高校進学が実現している。この過程で、千葉県教育委員会は、一九九六年一一月に以下のような通達を出している

一、障害をもつ生徒の入学者選抜に当たっては、障害をもつことにより、不利益な取扱いをすることのないよう留意する。

二、障害をもつため、通常の学力検査等の方法では受検が困難なため特別な配慮が必要な志願者は、その内容について、別紙様式1（著者注・省略）により、志願する入学者選抜の願書等の受付開始の前日までに、志願する高等学校の校長に申請するものとする。

（以下略）

このような「申請」により、車椅子での受検、介助者を伴っての受検、代読、代筆、

千葉県
千葉県の普通高校に通う生徒の高校生活を描いた映画に『ひなたぼっこ』（監督・桐野直子）がある

受検
「入学者選抜」の「学力検査」なので、「受検」。「受験」ではない。

問題用紙の拡大及び点字による受検などが行なわれた。また、「自己推薦制度」で「保護者による代筆」なども認められている。

実は、このような「統合教育」の動きは、世界では主流になりつつある。一九九四年国連の「特別ニーズ教育世界会議」で採択された「サラマンカ宣言」には、以下のような文言がある。

・すべての子どもが独自の生活、関心、能力、および学習ニーズを有している。
・特別なニーズを有する人びとは、そのニーズに見合った教育を行なえるような子ども中心の普通学校にアクセスしなければならない。
・法律ないし政策の問題として、別の方法で行なわざるを得ないというやむにやまれぬ理由がない限り、普通学校にすべての子どもを在籍させるインクルーシヴな教育の原則を採用すること

「学力」「点数」以外の価値観を学校に持ち込むというところにも、知的障害児が高校に進学する意義があるといわれている。世の中にはさまざまな人がいて、限られた「尺度」だけで判断されるべきではないということが、知的障害児の高校進学で教えられるだろう

インクルーシヴな教育

「包括的な教育」とでも訳せばいいのだろうか。さまざまな子どもたちを一つに「包み込んで」いく、すなわち「分け隔てしない」ということだ。

参考図書

『いっしょに楽しも高校も〜千葉県の統合教育』共に育つ教育を進める千葉県連絡会編・発行

『福祉労働第七四号』現代書館刊

余談雑談⑥

まず一緒に過ごしてみようよ

「知的障害」が全然「特別」なものではないということを、ぼくは経験的に断言できる。知的障害と言われる人と断続的につきあってきた。

ぼくが小学校入学以前に通っていたのは、園児三〇人ほどの小さな無認可の保育園だった。重度障害児の親でもある園長夫妻は、だから「障害」を持つこどもも受け入れていた。園児たちは、何の違和感もなく一緒に遊んでいた。だいたい、「知的障害」かどうかなんていうことを幼児は気にしない。長じて、親の話からあのときに一緒に遊んでいたどの子が「知的障害」だったと聞いて、ふぅんと「感心」するようなもんだ。

小学校の五・六年のときには、同じクラスに「ひでちゃん」という、「自閉症」の子がいた。小柄で言葉をあまり発さない、教科の学習も遅れた子だった。担任の先生が「ひでちゃん」を中心にした学級運営をしていたので、大した差別も「いじめ」もなくすごした。ぼくは、放課後も何となくひでちゃんと一緒にいる時間が長かった。当時家の裏手を国鉄の清水港線っていうのが走っていて、隣の駅まで三〇円で乗れたから、しょっちゅう一緒に乗りに行っていた。大人たちは「ひでちゃんの面倒をよく見る」とか「よく遊んであげている」といって誉めてくれたものだが、仲がよくて、一緒にいると楽しいから遊んでいるわけで、そんなことを言う大人がうっとうしかった。中学校入学とともにひでちゃんは隣の学区の中学校の特殊学級にすすんだ。そうしたら、以前ほどしゃべらなくなってしまった。知的障害を「特別なもの」として隔ててしまったために、それまでにつくった人間関係が断ち切られてしまったのである。今でも、なぜ中学校も普通学級にしなかったのかなと疑問に感じている。

大学時代から数年間は情緒障害児などと土曜日の午後に過ごす「まあるい会」という活動に参加していた。学生を中心とした「ボランティア」が情緒障害の子どもたちと一緒に遊ぶという活動である。「情緒障害」といっても、動き回る子どももいればおとなしく室内遊びをじっとしている子もいて、千差万別《せんさばんべつ》である。

ぼくはよく小学校低学年の「こーすけ」と一緒に行動した。彼の行動は毎週決まっていて、近所のコンビニエンスストアでテレビのコマーシャルに出てくる商品をそのコマーシャルソングをつぶやきながらいじり、住宅展示場を一回りして遊び、そしてカーディーラーで展示車の運転台に座るというものだった。

コンビニエンスストアでは、そのときの店員によってまるっきり居心地が違った。こーすけには、さわった商品はちゃんと元通りにするように言い聞かせてあって、実際そのとおりにしたのだけど、そしてそんなことをいえばいろんな人が読み散らかした雑誌の棚のほうがよほど問題なのだけど、背後でじっと「監視」されるようなこともあった。

逆にホンダの展示場では、何回も行くうちに、写真集を出してくれるようになり、それにこーすけが熱中している間にぼくにコーヒーをだしてくれたりもした。そうした活動に何年も関わっていると、子どもたちがちゃんと「成長」していくのがわかった。かつては気に入らないことがあると大泣きをしていたのが、年を経るにつれ、落ちついた少年に育っていった。

「知的障害」に対する「偏見」の多くは、ぼくたちが知ろうとしないこと、思いこまされていることによって形づくられている。一緒に過ごす機会さえあれば、何も身構える必要はないってことはわかるのに。この「バリア」は、誰の責任でもなく自分自身の責任で取り払わなければいけないだろう。

「まあるい会」の世界一長い（？）電車ごっこ

プロブレムQ&A

VII

内部障害・難病の人と出会う

Q44 「内部障害」って、何ですか

内部障害という言葉は、初めて聞きました。具体的にはどのようなことで、どんな困難があるのですか。また、どのような配慮が必要ですか。

「内部障害」とは、病気などが原因で生じた内蔵などの機能障害をいう。身体障害者福祉法施行規則別表では、心臓、腎臓、呼吸器、膀胱《ぼうこう》、直腸、小腸、ヒト免疫不全《めんえきふぜん》ウイルスによる免疫機能障害が列挙されている。いずれも、それぞれの「障害」により「日常生活活動」が制限されていることで「身体障害者」の認定を受けることになる。

内部障害の人々の困難のもっとも大きなものは、内部障害に対する理解が一般的に乏しいということだ。たしかに、多くの人にとって内部障害というのはなじみがないものだろう。ただ、人数的には、内部障害者全体で視覚障害者の二倍ほどだし、呼吸器疾患《こきゅうきしっかん》の人は脊髄損傷《せきずいそんしょう》の人よりも多いくらいだ。

しかし、この間の社会の様々な「バリアフリー化」の中で「障害者」というときに、内部障害の人のことが意識されない状態が続いてきた。これは、外見的な差異に乏しいということも理由の一つとして挙げられるだろうし、さまざまな理由で外出や「社会参加」の機会が得られにくい、あるいは逆に支障がないということもあるのだろう。

本当は、社会で取り組まなければならない問題なのに「病気」とか「健康管理」のような個人的な生活の範疇《はんちゅう》に押し込めてしまったということもあるのかもしれない。

それぞれの内部障害者に、必要な配慮が異なる、ということは今まで述べてきたこととかわらない。ただ、たとえば心臓や呼吸器の「障害」をもっていると、疲れやすかったり長距離の移動が困難だったりするし、膀胱障害で導尿《どうにょう》をしていたり直腸障害で人工肛門を利用していたりすると特別な設備のトイレを必要とする。そのようなことをとりあえず「知識」として知っておくことが、必要なのだろう。

Q45 携帯電話やたばこの煙が影響するそうですね

電車では「混雑時には携帯電話の電源をお切りください」とアナウンスがされています。これも、内部障害者への配慮なのですか。

携帯《けいたい》電話の使用や喫煙《きつえん》というのは、とかく「マナーの問題」だと捉えられがちだが、内部障害者にとっては、生命の危険にもつながることである。

たとえば、心臓の障害で「ペースメーカー」を利用している人にとっては、至近距離に携帯電話があるだけで、不整脈《ふせいみゃく》が発生する場合がある。ペースメーカーというのは、心臓の拍動を補助する装置で、心臓を動かす筋肉に電気的な刺激を与えて、心臓の拍動が滞《とどこお》らないようにサポートする。理科の実験で、電極をつないだ蛙の足に電流を通すと筋肉がピクピクと動く、というものがあるけれど、人間の筋肉もそれと同様に、電気の刺激で動いているわけだ。

心臓ペースメーカーは、装着している人の心臓の筋肉で生じる微弱な電流を感知して、その電流を増幅する。その結果、心臓の拍動が正確で力強くなるようにしているものだ。で、ペースメーカーにとっては、携帯電話から発せられる強力な電磁波と心臓が発している電流との区別がつかないので、誤作動《ごさどう》の危険があるということなので

携帯電話禁止のお願いの車内表示

ある。

だから、電車の中や人ごみでは、携帯電話の電源を切ることが大切だ。「待ち受け」中でも、携帯電話は強い電磁波を発しているのだから、通話をしていない、あるいはメールのやりとりということとは関係がない。東京の京王電鉄では、優先席の周辺では携帯電話の電源を切るように表示しているが、せめてそれくらいの配慮はするべきだろう。


喫煙についても同じようなことがいえる。

たばこの煙には、約四千種類の化学物質が含まれており、そのうちの約二百種類が人体に有害だといわれている。

たとえば煙草の煙に含まれるニコチンには、血管を強く収縮させる作用がある。だから、心臓障害の人の中には、煙草の煙を吸い込んだだけで心臓発作を起こしてしまう場合がある。また、呼吸器の障害をもつ人にとっても、煙草の煙がぜんそくの発作を誘発《ゆうはつ》したり、体内に酸素を取り込む支障になったりする。また、内部障害ではないが、ぜんそくの症状がある人にとっても、煙草の煙は大変な脅威《きょうい》である。

公共機関では、「分煙」が進められているとはいうものの、まだまだ人ごみで煙草を吸う人は多い。喫煙は単にマナーの問題ではないということを、煙草を吸わない人も含めて認識してほしい。

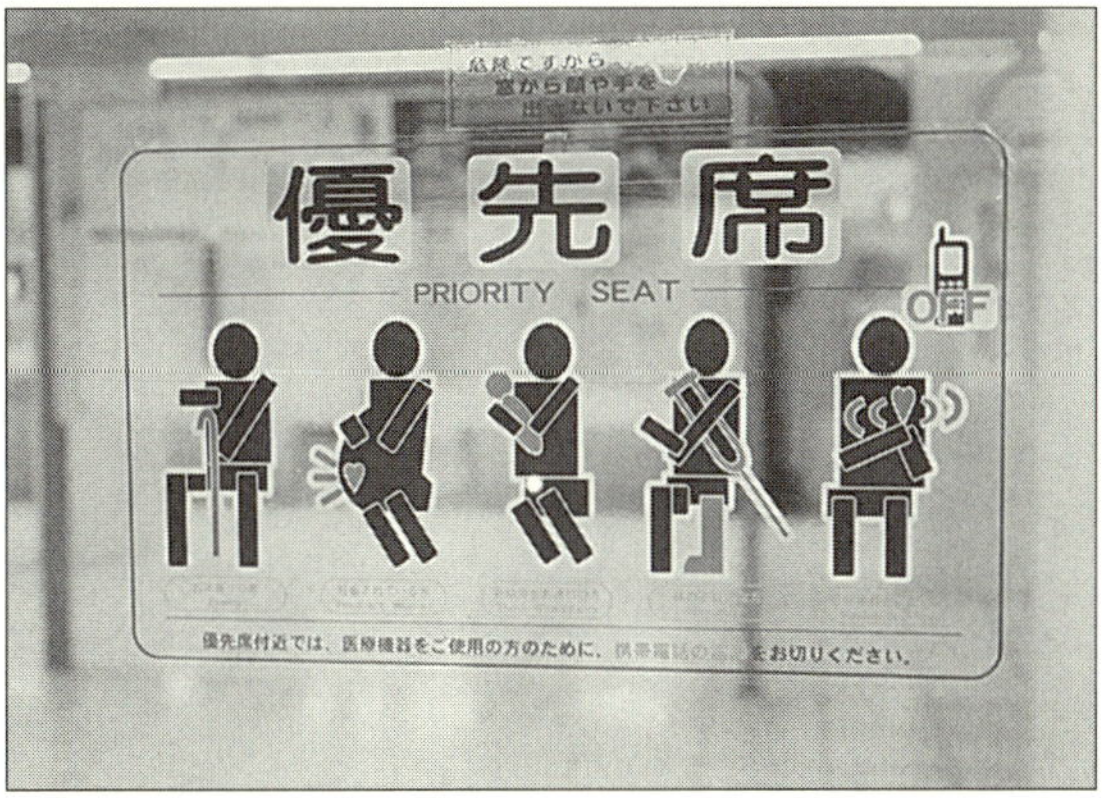

Q46 「オストメイト」って、何ですか

最近、「障害者用トイレ」に、見慣れないマークが描かれていることがあります。おなかに十字が描かれているのですが、あれはどのような意味ですか。

何らかの原因で、腸の一部を切除し、肛門から排便することができなくなった場合、「人工肛門」を利用する。人工肛門は、腸の末端を腹部に直接出すことで、便の排出を可能にするものである。人工肛門のことを「オストミー」といい、人工肛門を利用している人のことを「オストメイト」という。オストメイトについても、実はよく知られておらず、施設の整備などについても決して考慮されてきたわけではない。

人体にもともとある肛門には「括約筋」があって、たいていは意識的に便を出さないようにすることができる。しかし人工肛門にはそのような機能はなく、便は常に腹部に貼られた「パウチ」という袋に集められる。

トイレ用品の大手メーカーTOTOでは、オストメイトの公衆トイレへの不満をアンケート調査し、公衆トイレでオストメイトに配慮した設備の提案をしている。また、交通バリアフリー法に基づいた、駅設備のガイドラインでは、オストメイト対応トイレが「推奨」されるようになってきている。その結果、近年、パウチの管理がしやす

身障者におけるパウチから排泄物を捨てる時の不満点

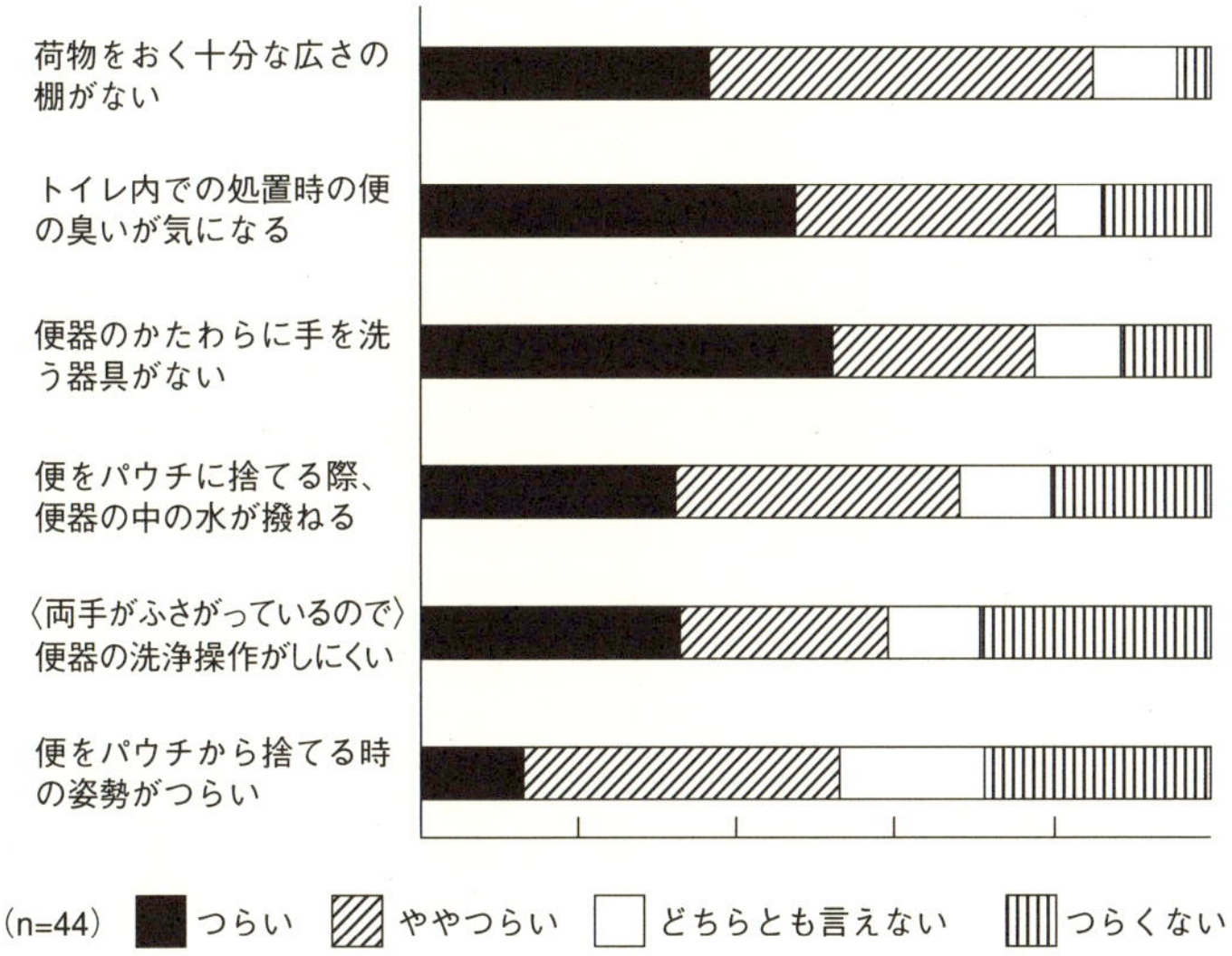

(98' 11 TOTO調査)

排泄物の処理前後に欲しい器具は何ですか？

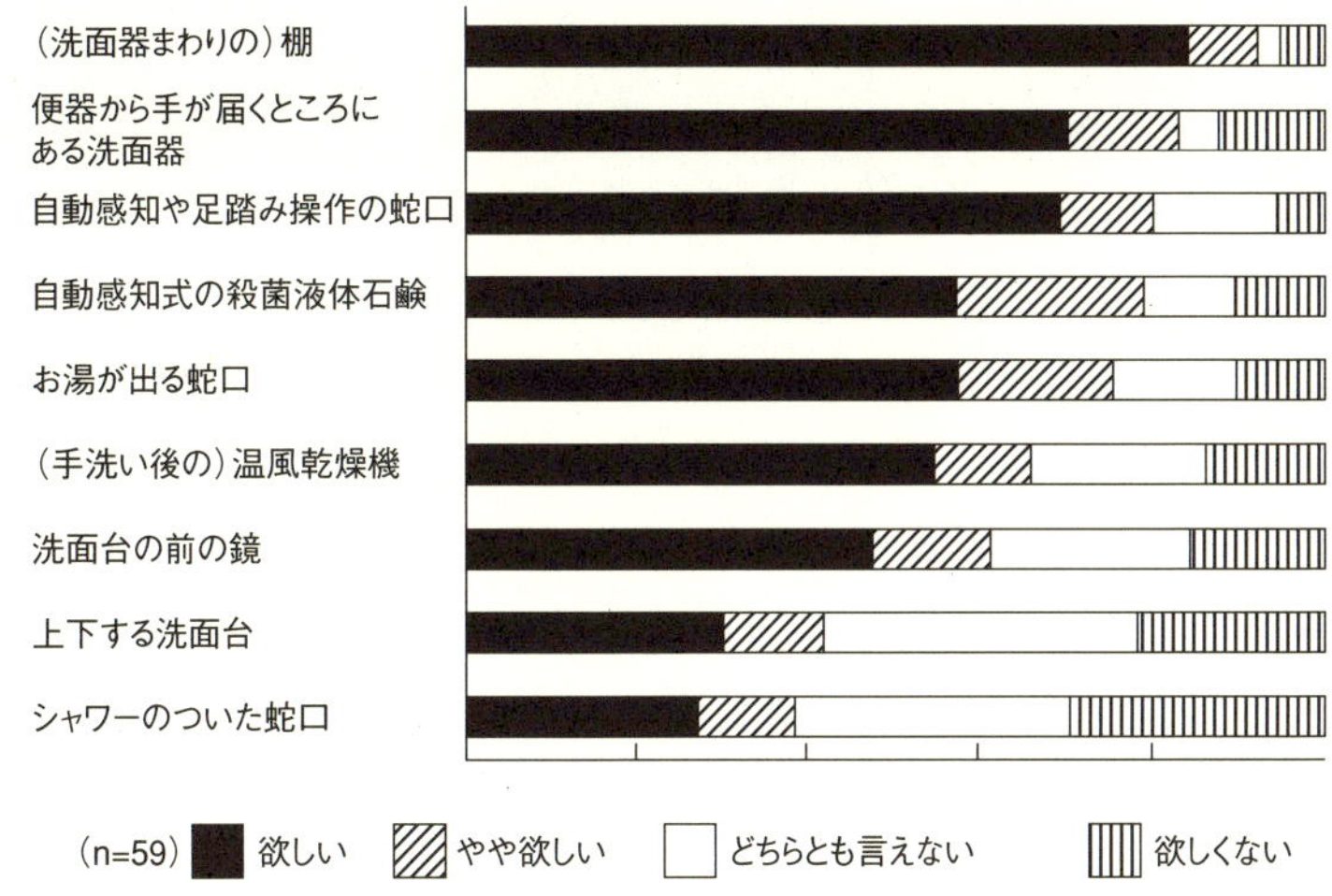

(98' 11 TOTO調査)

いような装置を備えた公衆トイレが登場している。そのトイレには、パウチの洗浄《せんじょう》がしやすいような流しや、人工肛門の周辺の腹部を洗えるように温水が出せる水栓《すいせん》などが備えられている。

さて、そうなると「トイレの取り合い」が始まってしまいそうな気がするのだ。「どなたでもご利用ください」として、車椅子利用者、オストメイトのほか、乳幼児のオムツ換えなどが、一つのトイレに集中する。特にオストメイトの場合、長時間にわたってトイレを使用する場合もある（しかも、ＴＯＴＯのアンケートに見られるように、外見的にはオストメイトとわからないから、トラブルの原因にさえなりかねない）。そうすると、せっかくの「障害者対応」トイレなのに、急ぎの時には役に立たないという事態も発生してじまう。だから、単に従来のトイレにオストメイト対応の装置を付け加えるのではなく、オストメイト対応トイレを「増設」したほうがいいように思えるのだ。数値的には、ハートビル法では「最低一つ」となっているのだけれど、それを上回る設備を効果的に配置することが大切だ。

ハートビル法
→六七頁参照

Q47 「難病」や「てんかん」については、どのようになっていますか

「障害者」の範囲に、難病で闘病している人などが入るそうですが、具体的にはどのような人で、どのような配慮が必要ですか。

一九九三年に「障害者基本法」が制定された際の付帯決議で「てんかん及び自閉症を有する者並びに難病に起因する身体又は精神上の障害を有する者であって長期にわたり生活上の支障がある者は、この法律の障害者の範囲に含まれる者であり、これらの者に対する対策をきめ細かく推進するよう努めること」と宣言された。これは、裏を返せば、これらの人々が「障害者」と認識をされない傾向にあって、「きめ細かな対策」がとられずにきたということだ。

日本の社会では、「病気」を「個人の責任」ととらえる傾向が強くある。また、各症例の人数が少ないために、社会の理解が得られにくい。無理解や偏見や先入観に取り込まれているとさえ言えるだろう。

もう何年も前、高校の国語の教科書に採用されたさる著名な作家の作品が「てんかん」患者に対する偏見を助長するおそれがあるとして、患者団体が抗議をした。それに対してその作家は「断筆宣言」をして、社会的な問題になった。この作品では、「未

来の超管理社会」を風刺《ふうし》する手段として、「てんかん」の症状をもつドライバーを捕まえてしまうという場面を設定しており、そこが問題にされたのである。実はこの状況は「未来」ではなく、つい最近まで「てんかん」の症状を有する人が直面した「現実」だったのだ。

「てんかん」は、大脳の神経細胞が過剰に「放電」することで発作がおきる。その時に、急に昏倒《こんとう》したり「泡を吹」いたりしたために、周囲の人がびっくりした、そのことが「偏見」も生んでしまったのである。現在は、適切な投薬で発作を抑えることもかなりできるようになったのだが、依然として、問題になった作品のような旧来の偏見が根強くある。

「難病」は、

① 原因不明、治療方法未確立、後遺症《こういしょう》を残すおそれが少なくない

② 経過が慢性《まんせい》にわたり、単に経済的な問題のみならず介護等に著しく人手を要するため家庭の負担が重く、精神的にも負担が大きい

という疾病で、三〇以上の疾病が指定されている。これらの「特定疾病」については、調査研究の推進、医療費の公費負担、医療施設の整備が進められているほか、生活上の困難を支援するための機器の開発なども進められている。「障害者」として位置づけられることで、補装具や機器をはじめとする各種公的サービスの給付を受けられ

三〇以上の疾病　Q3欄外注参照。

るということが重要なのである。

どんな「障害」でもそうなのだけど、その「障害」の正しい知識を得て、偏見や差別を解消することが大切だ。

Q48 糖尿病も、実はたいへんな病気なんですね

中途失明の最大の原因は糖尿病だと聞きました。「生活習慣病」といわれ、とてもありふれた病気のようですが、どんな困難があるのですか。

糖尿病《とうにょうびょう》というのは、とてもありふれた病気として、軽く扱われがちである。しかし、糖尿病が原因で失明したり、足の切断を余儀なくされたりと、とても重大な結果を招いてしまうことがある。

糖尿病は、血糖値《けっとうち》を制御《せいぎょ》するインシュリンが分泌《ぶんぴつ》されないか、あるいは不十分にしか分泌されないということから血糖値が上昇して、神経細胞に悪影響を及ぼす病気である。ウイルス感染などによりインシュリンが全く分泌されない1型と、「生活習慣病」としてとらえられているインシュリンの分泌が不十分な2型とに分類される。

1型糖尿病は、幼少期から発症するため「若年型糖尿病」と言われてきたものだ。1型糖尿病にかかった人は、生活の場面に応じて血糖値をコントロールするために、インシュリンを自分で注射する。これは、小学校の低学年のころから自分でできるように「訓練」されている。ところが、稀《まれ》にインシュリンの効果が強すぎて急性低血糖の症状を起こし、昏倒してしまうこともある。その時は、砂糖や果汁ですみやかに血

糖値を回復させなければ、生命の危険さえある。その行為に、「制度的障壁」が立ちふさがることがある。

「授業中であっても先生の許可を得ている猶予《ゆうよ》はありません。とにかく一秒でも早く飲んだり食べたりしなければならないのです。薄れていく意識の中で必死です。ある教師が一二歳の患児に言いました。『教室から出て食べろ』。その子は立ち上がる力さえなく、反論すら出来ない状態でした。（中略）『おまえ何やっているんだ。駄目だろう』。一人が食べるのをやめさせようと患児の肩を強く押しました。患児は急に痙攣《けいれん》・硬直《こうちょく》し、そのまま椅子から落ちて倒れました」（「若年型糖尿病」への誤解と偏見・大谷美津子・『月刊スティグマ』二〇〇一年一〇月号・千葉県人権啓発センター刊）

糖尿病というのは、名称がユーモラスな分だけ正しい理解を得にくい病気といえるだろう。「難病」として指定されているわけでもなく、また「生活習慣病」という捉え方が強調されるあまり「自己責任」とされてしまいがちだ。しかし、視覚障害など「障害の入口」となる病気として、また、いま例に挙げたような「偏見」を解消するためにも、きちんと理解していくことが大切だ。

制度的障壁
きまりやしきたりが引き起こす障壁。たとえば「女性は相撲の土俵に上がってはいけない」などのようなもので、差別の温床ともなりうる。

プロブレムQ&A

Ⅷ

バリアフリーの社会へ

Q49 障害をもつ人の「社会参加」がよく話題になりますね

スポーツの分野など、従来障害をもつ人が参加しにくかった分野でも、競技会や講習会がふえてきたようです。また「パソコン通信」などもさかんなようですね。

「国際障害者年」のスローガンは「完全参加と平等」だった。このあたりを契機《けいき》にして、「障害者」の世界がだんだん広がってきているように感じる。

まず挙げられるのはスポーツの分野である。

世界で初めて「車椅子マラソン」が本格的に取り組まれたのは大分県別府《べっぷ》での大会なのだという。車椅子マラソンは、四二・一九五キロを一時間半程度で走り抜けてしまうきわめて競技性の高いスポーツだ。ぼくも練習風景を見たことがあるが、F1を想起《そうき》させる細長い車体と自転車競技同様に細いタイヤ。ヘルメットをつけて、レーサーシャツを着て、すごくカッコイイものだと感じた。

車椅子でいえば、このほかにバスケットボールやテニスなども各地で競技会が開催される。また、最近の「はやり」は、カヌーやスキューバダイビングといった水辺のスポーツだ。従来はあまりスポーツに参加されなかった脳性マヒなどの人にも、これらのスポーツに参加する人がふえていると聞く。また、視覚障害者のマラソンやスキ

ーといった競技会も各地で行なわれている。国際的な競技では、その「障害」や「残《ざん》存《ぞん》能力」によって、細かなクラスに分けられて競技が行なわれる。これはちょうど、格闘技《かくとうぎ》で体重別に階級が区分されるのと同様だと考えればいい。

オリンピックの開催に合わせて、「障害者」の国際大会が「パラリンピック」という名称で行なわれているほか、国内でも「国民体育大会」にあわせて大会が開催されている。そのほかにも、定期的に各種目ごとの競技会が開かれている。

ただし、そのような「競技」が「リハビリの成果」という面で強調されすぎると、「健常者と遜色《そんしょく》ない」なんていうふうに、「健常者の運動能力」に近づくことを「正しい」とする、旧来の身障者観にとりこまれてしまったり、あるいは、マヒなどの理由で競技種目に参加が不可能な人々との「意識の障壁」を生んだりしてしまう可能性もある。

そのような中、「レクリエーション」としてスポーツを楽しむ動きも広がってきている。ぼくも、視覚障害者とスキーをやる機会があった。ぼく自身、初心者のようなものなので心配ではあったが、「いつもの通り」に楽しめた。ぼくが二メートルくらい前を、ストックを叩《たた》いて音をたてながら滑ると、そのすぐ後ろをぼくの音を頼りに滑ってきてくれるのだ。また、北海道では、スノーモービルで深く広くわだちをつくった林間コースを視覚障害者がひとりで滑るクロスカントリースキーも試みられているそうだ。

また、コンピューターによるネットワークも、外出が困難といった理由で家に居がちだった人の「行動範囲」を拡げているという。パソコン通信での情報の交換や、今まで「タイプアート」と呼ばれていた絵画をコンピュータで制作するなどの美術的な分野での広がりがあるといわれる。また、各地の交通機関や観光施設の「障害者用設備」についての情報が交換され、旅についての様々な心配事を解消するはたらきをもっている。

視覚障害者用のコンピューターキーボードも開発されている。点字の並びを応用したもので、入力すると合成音声が出、正確な入力ができるようになっている。また、今まで音訳《おんやく》や点訳《てんやく》によってもたらされていた視覚障害者向けの情報がコンピュータ通信やフロッピーディスクなどの「電子情報」によって簡便《かんべん》に伝達できるようにもなっている。

このような動きの中から、従来は「障害者団体」の発行する物が主だった雑誌でも、そうではない「情報誌」が出され始めている。また、従来から発行されている旅行雑誌やパソコン雑誌の中には、「障害をもつ人のため」の情報コーナーが設けられたものがある。

このような動きは、「障害」をもつ人々ともたない人々が「対等」な関係を築いていく第一歩なのだろう。

Q50 最近の駅のエスカレーターには、車椅子のまま乗れると聞きましたが

最近は、新しい設備や機械ができて、体の不自由な人が交通機関を利用するのにずいぶん便利になったようですね。どのようなものがあるのですか。

「国連障害者の一〇年」以降、「障害者」、特に視覚障害者や車椅子利用者を念頭《ねんとう》に置いた街の整備が行なわれている。その過程で、いろいろと新しい機材が開発されている。従来は使い勝手が悪かった既存《きそん》の駅でも車椅子対応が進められている。

近年設置が進められているエスカレーターは、車椅子対応型がほぼ標準のようである。これは、車椅子用のステップが一箇所「隠されて」いて、係員が操作するとステップが三段分くらい平になり、そこに車椅子が乗車するというものだ。エスカレーターの本体の操作によって、のぼりくだりの切り替えができる。一九八六年に横浜市営地下鉄岸根公園駅に配備されたのが日本で最初のものらしい。JR東日本では、東京から五〇キロ圏内では各駅にエスカレーターかエレベーターを設置する方針をとっている。

運輸省では一九九三年に「鉄道駅におけるエレベーター整備指針」を策定《さくてい》した。従来は、エスカレーターの整備によって「移動制約者」の負担の軽減を求めていたのだ

が、高齢者や障害者にとっては、上り方向よりも下り方向への移動が困難である場合があり、エスカレーターは必ずしも両方向が設置されているわけではないこと、大きな荷物やベビーカーでの利用には危険であること、車椅子利用者にとっては時間と手間を要して大きな負担となること、そういうことに、いわばやっと気がついて（と、いうのは、多くの障害者団体は、以前よりエレベーターの設置を求めていたからである）くれたのである。これによれば、五メートル以上の段差がある、一日あたりの乗降客が五〇〇〇人以上の駅については順次計画的に整備するように求められ、駅の構造上の問題がない限り容易に利用できる位置に設置し、車椅子以外の利用者にも利用ができるように定められている。

この「車椅子利用者以外にも」というところが実は重要である。なぜか従来の施設は「車椅子専用」のものが多く、埼玉県の熊谷駅では一九九一年八月に車椅子利用者がエレベーター内に一晩閉じこめられてしまうという事件も発生している。また、JRの東京駅の総武快速線では、「成田エクスプレス」の開業にあわせて「一般旅客用エレベーター」が整備されたにもかかわらず、車椅子利用者はホームのはずれの「業務用エレベーター」に載せられてしまうことが多かった。従来の、「障害者は別の施設」という流れがこれでやっと改まっていくのかもしれない。

二〇〇〇年には「交通バリアフリー法」が施行《せこう》された。この法律は、正式には「高齢者、障害者等の公共交通機関を利用した移動の円滑化《えんかつか》の促進に関する法律」という。

「移動の円滑化」を「バリアフリー」ととらえているわけだ。この法律では、一定の要件を満たす鉄道駅や空港などを「特定旅客施設」と定め、交通事業者ばかりではなく、市区町村（自治体）も参加して「移動円滑化基本構想」を策定し、公共交通のバリアフリー化を進めていくことになっている。現在、各地の自治体でそのための調査などが、多くの場合、利用者も参加して行なわれている。

「障害」をもつ人が自立した生活を送ろうというとき、公共交通機関を気兼ねなく利用できることが必要だ。このことが主張されるようになってもう三〇年近く経っている。ようやく、その主張に社会が応えられるようになってきたといえるだろう。

三〇年近く
　たとえば、全国脳性マヒ者協会「東京青い芝の会」では、一九七四年に「脳性マヒ者の外出の権利を確保するため」の運動を提起している。

Q51 交通権という言葉を耳にしたのですが

新しい権利として「交通の権利」が主張され始めているそうですが、どのようなものですか。また、それが今あらためて「権利」として問われるのはなぜですか。

現在の世の中で交通というものがなくてはならないものだということは、いうまでもないことである。皆がそれぞれの用事で「右往左往《うおうさおう》」している。たとえば、「通行止め」は、交通情報の常套句《じょうとうく》で、じゃあ迂回《うかい》しようかということになるし、ニュースなんかで出てくる「交通遮断《しゃだん》」なんていう言葉では、民族紛争や「テロ事件」などが思い起こされて、のっぴきならない感じがするだろう。

実際、身の回りを見ても、「交通」にまるっきりかかわっていないものは皆無《かいむ》といえる。それでいて（あるいはそれだからこそ）交通を「権利」としてとらえる考え方は一般的にはなっていない。

従来、法律学で「交通権」といえば刑事訴訟法での議論で、被疑《ひぎ》者、被告《ひこく》人、服役《ふくえき》囚などが弁護士と接見《せっけん》（面会すること）する権利をさす。これも侵害《しんがい》されやすい重要な権利ではあるが、一般的な語句とは言えない。

いわゆる「ふつうの交通」を権利として主張し、訴訟《そしょう》となった最初の例は、一九八四年に国有鉄道が導入した「地方交通線格差《かくさ》運賃」に対して、法の下の平等を定めた日本国憲法の精神に反するとした「国鉄和歌山線格差運賃返還請求訴訟」だとされている。その後、国有鉄道は「赤字」を理由に各地の赤字ローカル線を廃止し、一九八七年には民間企業に変わり、各地で交通権が「侵害《しんがい》」され続けている。鉄道でも廃止あるいは第三セクター化が進み、バス路線の廃止も相次いでいるのだ。

この「和歌山線訴訟」で主張されたのは、「交通手段」を国家、公共団体等の手によって保障せよという、いわば「社会権」としての交通権の確立である。そしてこれを、日本国憲法が想定している基本的人権であると申し立てたのだ。

日本国憲法は、日本国民の権利を数多く規定している。また、その理念にしたがって各種の社会保障が整備されている。それらを真に実効性《じっこうせい》あるものとするためには、交通手段も権利として確立せねばならないというわけである。

たとえば、憲法第二五条では「すべて国民は、健康で文化的な最低限度の生活を営む権利を有する」と定められており、この理念に従って、公的医療の整備がなされ、保険制度が確立している。話を思いっきり簡単にしてしまうと、体調が悪いときに気軽に医者にかかる権利がほぼ確立しているということだ。さて、この権利を「公的交通」なしで行使できるだろうか。たとえば自家用車でしか行けない所にしか医療機関がなかったとすれば、自家用車を自ら運転できるか、または家族が自家用車を所有していなければならず、「権利の実現」に差別が生じてしまうといえるだろう。

残念なことに、そういう目でみれば各地で「交通権」は後退している。国有鉄道の赤字路線廃止とほぼ同時期から各地で路線バスの廃止が相次《あいつ》いでいる。多くの路線では地方自治体等が何らかの形で引き継いではいるものの、日曜・祝日には全便運休であったり、極端《きょくたん》に運行本数が減らされてしまったり、運賃が引き上げられたりという状況のようだ。

このような状況になったとき、常に最初に不利益を被《こうむ》るのが高齢者や身障者である。たしかに統計的には一世帯に一台以上の自家用車があったとしても、それはあくまでも「数字」の上のことにすぎないわけで、すべての人が自家用車の恩恵《おんけい》を受けるわけではない。各地の公共交通の廃止の問題を見るにつけ、自家用車の普及を必要以上に強調することで、「交通貧困者層」が創りだされてしまっているようにさえ思える。

交通を権利としてとらえるためには、その地域性と同時に「個人性」にも注目せねばならない。たとえば、一人暮らしの高齢者がいて、その人が週一回病院に出掛けるとする。わずかな利用者数しかいないとして、その地域を走るバス路線が廃止されたら、その人の医者にかかる権利は奪われてしまうということである。

ところが、日本の法律の中には、すでにある交通機関を「バリアフリー化」するための法律はできたものの、公共交通による輸送を保障するものは存在しない。「障害者」や高齢者をふくむ様々な人が「移動」することを「権利」としてとらえて、法体系の中で確立していくことがこれから求められるものである。

Q52 体が不自由だとバスがただになるって聞いたのですが

体が不自由な人が電車などを利用するときに、「身障者割引」があって、同行する人も安くなるそうですね。割引制度にはどのようなものがありますか。

心身に「障害」のある人が公共交通機関を利用するとき、運賃が割引になることがある。

JRでは、国有鉄道の時代から、障害者手帳の交付を受けている人に対しての普通運賃と急行料金の割引制度がある。この割引の適用は、JRの基準により「第一種」と「第二種」に分けられており、第一種の場合は本人と介助者一名が全区間について、第二種の場合は本人が一〇〇キロメートルを超える区間を乗車する場合に割引となる。割引率は五割。だから「第二種」の人が六〇キロを超えて旅行する場合には、一〇〇キロ以上の乗車券を購入したほうが割安になるという逆転現象もおきてしまう。また、第一種の場合には本人と介助者が同一の乗車券を購入する場合にそれぞれ半額になるという決まりである。かつては学生割引のように「割引証」が交付されて、いちいちその用紙に書き込む方式がとられていたが、現在は障害者手帳を窓口に提示すればいいようになっている。また、第一種の人の場合、「普通急行」（つまり、特急じゃないいわゆる「急行」のことだ）の急行料金が五割引きとなる。これが、実はもう何年も改善されていない決まりで、国有鉄道の末期から急行列車が次々と特急列車に「格上げ」になってしまっており、ダイヤ改正のたびに割引の範囲が狭くなってしまっているのである。だから、障害者団体の中には、一〇〇キロという制限をなくして第二種であっても全区間割り引いてほしい、特別急行料金も割引の対象としてほしいと、要望を出しているところもある。

ＪＲ以外の鉄道線でも、ほぼＪＲに準じた規定が設けられていて、たいていは半額となる。

バスの場合には、その事業者によってまちまちであるが、おおむね割引制度は定められている。例えば東京都営バスでは、身障者に対して「無料パス」を交付している。また、身体障害者手帳を運賃支払い時に呈示することによって半額にするという決まりのあるバス会社もある。これらは、バスの案内窓口で尋ねれば教えてくれるし、掲出されている「運送約款《やっかん》」を丹念《たんねん》に読んでいると必ず出てくる。現場ではたいてい柔軟《じゅうなん》に（と、いうよりは時間をかけたくないのだろうが）対応されていて、たとえば車椅子で都バスを利用する場合は、乗降ともに後部の降車口を利用するのだが、今までの経験ではドライバーから身障者手帳の提示を求められたことはない。

タクシーは、少しややこしい。まず、「割引証」によってほぼ全国のタクシーが一割引になる。これは、各市区町村が発行する「チケット」に氏名などを書き入れて、料金支払い時に申告するものだ。このほかに、市区町村が独自に「無料パス」や助成を行なっている場合がある。この場合、利用できる範囲が住所地の市町村内だけとか隣接《りんせつ》する市町村だけという場合が多い。だから、市外の病院などに出かける場合、往路と復路で料金が異なる場合がある。さらに、施設に入所している人には割引証が交付されないという場合さえあるようである。

このほか、航空・船舶の運賃や高速道路の通行料金の割引など、交通に関してはすみずみまで割引制度が張りめぐらされている。

Q53 路線バスでも車椅子のまま乗れると聞いたのですが

最近のバスには、車椅子用のリフトがついていたり、耳が不自由な人のために次の停留所の名前が表示されたりするそうですね。

住宅地の中にまで路線網《ろせんもう》を持つ路線バスは、最も身近な交通機関といっていいだろう。特に、自家用車の運転ができなかったり、家庭で車を利用しにくい人々にはかけがえのない「足」となる。

路線バスをとりまく環境は、モータリゼーションの進展や、地方の過疎《かそ》・都市部の過密といったことによって、この何十年も常にきびしい状態にさらされ続けている。地域によっては、収益性の低さから民間会社が路線バスの運行を取りやめてしまい、自治体が運行を肩代わりするケースがある。また、自治体が運行を委託し、住宅地をこまめにまわる「コミュニティバス」も、各地で見られるようになってきている。

そのような流れの中で、近年「人にやさしい」バスが導入され始めている。

まず、床面の高さである。バスといっても、車体の作り方は他の大型車と一緒で、「シャシー」と呼ばれる鉄骨の上に車体を架装《かそう》している。そのために、従来の大型バスは、路面から床面までの高さが八〇~九〇センチにもなり、入口のステップが二段あったのだが、最近導入が進められているバスでは、床面の高さをつとめて低く押さえている。「ワンステップバス」と呼ばれるもので五〇～六〇センチ、ノンステップバスでは三〇センチ程度にまで床面が下げられているのだ。ノンステップバスは、路面の状態がいいところにしか導入できないと思われていたが実はそれほどでもなく、今後とも増加していくことと思われる。

これらのバスでは車椅子に乗ったまま乗降ができるように、乗車口からスロープがでてくるようになっている。ノンステップバスの場合、きちんと歩道に幅寄せができたり、介助者が乗降の手助けをすれば、スロープを出さなくても容易に乗り込める。

乗車後は、車内の所定の場所にある固定装置によって簡単に固定できるので、安心して乗車可能だ。また、高齢者や小さな子どもを連れている人、大きな荷物を持っている人などの乗降も安全に短時間でできるようになるので、ドライバーが停車時間や定時運行を気にするプレッシャーから解放され、丁寧《ていねい》に応対できるといわれている。

一方、乗務員の操作によって、乗降用のステップが車椅子用のリフトになり、車椅子に乗ったまま乗車できる「リフトつきバス」も以前は見られたが、コストがかかる割には、車椅子利用者以外へのメリットがないことから、近年はあまり導入されていないようである。

これらの新型車は従来の車種に比べると高価であるが、導入にあたって国土交通省などから車両購入の補助金が交付されたり、低利の導入資金融資が行なわれている。

また、従来は音声による車内放送だけだった停留所の案内も、車内放送に連動した表示器で、文字によって案内されるようになってきている。聴覚に障害のある人は、特に天候により車内のガラスが曇っているときなどは大変に緊張して乗車していたと聞くが、随分と使いやすくなったのではないか。

実際のところ、バスの設備はその事業者によってまちまちである。何回も「地元」の話をして恐縮《きょうしゅく》だが、もう二〇年近く前から静岡鉄道のバスの放送装置はドアの開閉と連動していて、停留所でドアが開くと行き先が自動的にアナウンスされた。それを当たり前に思っていたら、大学進学とともに千葉県に出てきた当時、静岡鉄道と比較してよほど大規模なK成バスが、「整理券をお取り下さい」としか言わないことに驚いた。考えてみれば、路線バスはせいぜい地域数社で、また、利用者の側も意識して比較しないから、改善されないことはそのまま残ってしまうのだろうな。利用者が主体的に、各地のバスのことを比較して、改善を求めていかなければならないだろう。

歩みはまちまちだけど、もっとも身近な公共交通である路線バスが徐々に徐々に使いやすくなっているというのは間違いなさそうである。

余談雑談⑦

拝啓　鉄道会社様

僕は、車椅子を利用して生活している障害者です。

この間、F岡駅を利用した時のことです。仙D方面は二番線のため階段を利用しなければならないので、駅員の人に介助をお願いしました。すると予想もしない言葉が返ってきたのです。「お客さんお一人ですか」というので「はい」とこたえると「車椅子の人は一人で列車に乗れないことになっております」と言われてしまいました。「これまで何度となく、一人でこの駅を利用しているのに、いつから変わったのか」と聞くと「前からそういう規則になっているので、一人では乗車はできない」と言われ、「どうしてダメなのか」と聞くと「何かあったら、他のお客さんの迷惑《めいわく》になるから」とか、親が一人で出すのが悪いと言わんばかりに「親はどこにいるんだ、何しているんだ、連絡先は」等と、全く失礼極まりない言葉の数々。そんなこんなで二〜三人の駅員さんに囲まれて、押し問答を続けるうちに、面倒くさくなったのでしょう「今回だけは特別だ」と言われ、何とか乗せてもらいました。

今回の教訓。「迷惑」をかける僕たち「障害者」は「お客様」ではないのですね。そして迷惑をかけないという人だけがお客様なのです。人さまにご迷惑をかける「障害者」は、旅行などしてはいけないのです。ましてや階段が多く設備が整っていない鉄道等を利用するなんてことはもってのほかです。そうですよね。本当は乗せてはいけないという車椅子の僕を「規則違反」を犯してまで「善意」で乗せてくれた、とってもやさしい駅員さん。

これは、東北地方の政令指定都市に住む車椅子を利用している私の友人（当時三七歳）が、国内最大規模を誇る鉄道を利用しようとした際に経験したことを、地方新聞に投書した手紙である。

残念ながら、これは「特別」なことではない。いわば「典型的」な乗車拒否である。問題点を列挙してみよう。

① 車椅子を利用しているからといって、常に誰かと一緒にいなければならないということは、車椅子利用者に大きな負担を強いることになる。介助が常に必要なわけではないというのは、本書でも繰り返し述べているところである。

②「何かあったら」というのもよく聞くセリフである。それでいて「じゃあ何があるの」と問い返せば、何も答えられないはずだ。「何が起こるかわからない」というのは、「得体の知れないもの」という偏見《へんけん》につながっている、差別感情の表れである。

③「親はどこにいる」に至っては、なぜそんなことを言われなきゃならないかというような感じだ。これには二つの大きな問題が含まれている。一つは、誰がどう見ても成人である人を「障害者」であるという理由だけで「一人前」に扱わず、「保護者」を求めているのである。そしてもう一つは、「障害者は家族が面倒を見るべきもの」（すなわち、「社会」としては「障害者個人」を受け入れない）という考え方に基づいている。

④駅員が数名で「車椅子を取り囲む」というのも、大きな問題である。当然のことながら、車椅子の人を見下ろしているわけで、これは威圧《いあつ》しているも同然である。「健常者」の旅客に対しては決してやらないことではないだろうか。

これらはいずれも、「障害者」と「健常者」を別のものであるとしたり、「障害者」は「健常者」の言うことをきくべきであるという、昔ながらの「差別感情」が解消されていないことが原因となっているものと思われる。

この投書が掲載《けいさい》されるとすぐに、その鉄道会社の「責任者」と称する人が来訪し、謝罪したという。しかし、これからも各地で同様のことが繰り返されるだろうことは想像に難くない。

今後このようなことが起こらないために必要なのは、車椅子をはじめとした体に障害のある人も旅客として（もっとはっきり言えば人間として）平等であるということ、公共交通の使命として、障害をもつ方や高齢者が利用しやすいということこそが必要なのだということ、そして、実際のところそんなに身構えなくたって安全に利用できるのだということを、実際の「介助」の仕方も含めて、接客《せっきゃく》に従事するセクションの人に「教育」することである。交通機関を運営している各会社と、障害を持つ人たちが、どういうふうにすれば利用しやすくなるのかを、常に顔の見える関係として話し合っていく必要があると思われる。

また、十分な対応が可能となる人員配置も必要だ。個別に「親切な駅員さん」「無理解な係員」がいるというふうな状況は決して好ましいものではない。

障害をもつ人が利用するという「経験」に乏しいから「理解」ができず、結果として「差別」的な対応をしてしまうのである。

Q54 「障害」をもつ人が暮らしやすい街とは、どんなものなのでしょうか

「障害」をもつ人が暮らしにくいとはいっても、ラッシュなどで「健常者」だってたいへんな思いをしています。どうしようもないことなのではないでしょうか。

僕たちの意識の中に、「健常者」と「障害者」というのはまるで「別な世界」の存在であるのだという意識があるのではないかと思う。そして、「障害」によって「能力」が「制約」されていることを「劣《おと》っている」ことと見なし、障害を「克服《こくふく》」すべきものであるという考えかたと、障害者を「差別」する言動・行動とが発生する。

しかしながら、「障害者」は決して特別な存在でも、ぼくたちとまるで別な世界の存在でもないはずである。

最も端的な例を挙げれば、毎年何十万人という方が交通事故に遭《あ》い、後遺障害を持つという事である。ぼくたちは、生と死の微妙な線上を日々歩いている。身近な存在に一人も交通事故の経験者がいないというのは、現代の日本では僥倖《ぎょうこう》であると言わざるを得ない。そのほかにも、様々な事故や病気によって「障害」を持つようになることは確率的に非常に高いことである。また、明確に「障害者」ではなくとも、齢《よわい》を重ねていくことで様々な身体機能に「制約」が生じていくものである。

そのことを認識した上で、「障害者」にとってどのようなことが必要なのかを考える必要があるのだろう。むしろ、「障害者」という存在を通して今の社会のありようを検証するという作業が必要なのだ。

いつの頃からなのかはわからない。「時間がかかること」が「悪」であるかのような風潮ができあがってしまっている。子どもの頃から「はやくしなさい」とせかされ続けている。運動会の競走で順位をつけるのをやめたなんていう記事を見たときの違和感は、きっと運動会でだけそんなことをやっても……というところにつながるのだ。だから、歩みの遅い「障害者」は、迷惑顔をされ、「生産」の場に入れてもらえない。

また、よく好まれる言葉が「自分のことは自分でしなさい」ということだ。それはまあ確かにそうなんだけど、それが強調されることによって、手助けを受けることに一種の心理的な負担がつきまとってしまう。

唐突《とうとつ》かもしれないが、ぼくは日本国憲法第一三条の「すべて国民は、個人として尊重される」という条文に基準をおけばいいんじゃないかと思うんだ。「障害」の有無やその程度、そのようなものは個人の「属性《ぞくせい》」なのであって、それらは「尊重」されなければならない。その「個人の尊厳」を実現する一つのありかたとして、「障害」をもつ人のための施設や機器が整備されるし、困ったことがあったら介助をすることなどによって、それらの不都合を解消していく。

また、そういうことを通じて「健常者」が「個人として尊重され」ているのかを問い返すことも必要なのではないか。よくある不満に、「乗りもしない車椅子のためのスペースをとるから座席が減らされた」とか、「障害者用設備ばかりが整備されている」といったものがある。「効率化」という名の下に様々な負担が健常者の側に多くなってきて、余裕を持てなくなってきていないだろうか。これらも街づくりや、社会のあり方としてとらえ直していかなければならないだろう。

「障害者」がその人のペースで歩きやすい街は、実は「健常者」にとっても歩きやすい社会なのである。

Q55 「通りすがり」に介助をする「意義」は何ですか

「障害」をもつ人の不便を解消するのであれば、専門知識を持つ人を増やせばいいと思います。そうすれば、私たちは何もやらなくてもすむのではないでしょうか。

「障害」をもつ人々は多くの場合「基本的人権」を制約された存在である。中でも就労・就学の権利が第一に挙げられるし、それが実は移動することが困難であるという理由からも生じている。実際のところ「権利」というものは、一人だけでは実現できないものである。どこかで権利侵害があったら、当事者以外もその権利の回復に努めなければ、権利は侵害されるばかりとなる。

「通りすがり」に介助をするということは、移動を制約されていることによって侵害されてしまいがちな「権利」の回復をささやかながらお手伝いしようというものである。そしてその経験によって、駅や道路などの造営物が移動を（すなわち、権利を）制約するようなものでないようにチェックする視点を持てるようになるだろう。

「通りすがり」に介助するということは、実は「障害」をもつ人のためばかりではなく、もちろん自分が「ほめてほしい」とか「格好をつけたい」とかいうことばかりでもなく、「世の中に侵害されている権利が存在することを許さない」という意思をもつ

ことである。だから、「介助をする側」も「介助を受ける側」も、対等で平等であるという考え方が前提となる。

「通りすがり」に介助をしていて感じる違和感は、「障害」をもつ人の個別性に関心を持たず、ただ設備さえ整備すればいいやというふうに感じられる対応だったり、何かというと「危険ですから」「何かあったら困りますから」というふうに言われることだったり、逆に何もかも手を出してきて、できることまでやらせようとしない対応だったり。それから、「がんばって」というふうに言葉をかけられることにも違和感がある。いずれも、その人を「個人」としてとらえなかったり、他人事として自らの問題としてはいなかったり、対等な関係として考えていなかったりということが感じられる言葉である。

「通りすがり」に介助をするということは、もしも自分がどこかで権利を侵害されたとき、誰かがその権利の回復の手助けをしてくれるという社会ができたらいいなという願望の現われだといえるのかもしれない。

Q56 「通りすがりに介助する」以上のことは、どうすればいいのですか

「障害」をもつ人々への手助けをもっとたくさんやってみたいと思います。どのようなところで、何をすることができますか。

これまでは、「通りすがり」のことを中心に述べてきたのだが、もちろんもっと様々に手助けできることがある。順不同に挙げてみよう

ハンディキャブ運転ボランティア

ハンディキャブを管理運営している団体では、運行するドライバーを募集している。たいていの場合、普通自動車運転免許証（一種）があれば登録できる。きちんとした運転講習を行なっているところと、そうでないところとまちまちだ。登録すると、何日の何時から何時くらいまでできませんか、というような依頼が来る。たいていの場合、社会福祉協議会をはじめとする「ボランティアセンター」に情報がある。

ガイドヘルパー

視覚障害者など、単独では公共交通機関を利用しての外出が困難な人に同行してサ

ポートをする。「お出かけボランティア」などと称している場合もある。

点訳・音訳

視覚に障害のある人のため、墨字の書籍や印刷物を点字に訳したり、音声でテープに入れたり、文字を拡大したりという活動は、各地の点字図書館などを中心に取り組まれている。近年、コンピュータでのデータ通信が便利になったので、「点字」を打たず、キーボードでそのまま入力したものをデータ送信、受けた側で音声や点字に変換するという方法がとられることもある。

学習支援

何らかの「障害」がある生徒・学生の支援をする取り組みを行なっている学校が増えてきている。たとえば都内のある私立大学では、入学手続きや健康診断などの機会に必要な「援助」の申し出を受け付け、その内容を（対象者名は伏せて）公表、ボランティアを募集する。また、「重度障害」の児童が地域の学校に進む場合、遠足などの学校行事の介助などにグループをつくって取り組む場合もある。

生活介助

「在宅」の「重度障害者」が行政から受けられるホームヘルプサービスは、自治体によっても異なるが、一日八時間程度である。そこで、残りの一六時間を埋めていくという取り組みが各地で行なわれている。たとえば、夕刻にその人の自宅に行き、夕食、入浴の介助、就寝の準備、就寝後の「寝返り」の手助け（同じ姿勢をとったままだと、体圧が特定の部位に集中して皮膚が痛んでしまうから）などを泊まり込んで行ない、翌朝次の人と交代する。介助者は、個々の人から依頼される場合と、「自立支援センター」のようなところに登録して依頼を受ける場合とがある。また、無償の場合も有償の場合もある。

このほかにも、土曜日や日曜日に「一緒に遊ぶ」活動があったり、イベントなども活発に行なわれている。

このような活動を、どうとらえるかという「視点」が必要だ。たとえば、自治体の広報誌の点訳を、ボランティアだけに任せるというのは、善意の上に胡座《あぐら》をかいた行政の怠慢《たいまん》だともいえるのかもしれない。また、「先生がやれといったから」などというのでは、「ボランティア」という本来の意味とは異なる。

身体等に「障害」があることで制約されてしまっている様々な「権利」を、ぼくたちのほんの少しの「介助」によって僅《わず》かながらでも回復する手助けをする。この考えを常に意識しながら、行動に移していきたい。

【資料】

■障害者基本法

昭和四五年五月二一日
法律第八四号

第一章　総則

（目的）

第一条　この法律は、障害者のための施策に関し、基本的理念を定め、及び国、地方公共団体等の責務を明らかにするとともに、障害者のための施策の基本となる事項を定めること等により、障害者のための施策を総合的かつ計画的に推進し、もつて障害者の自立と社会、経済、文化その他あらゆる分野の活動への参加を促進することを目的とする。

（定義）

第二条　この法律において「障害者」とは、身体障害、精神薄弱又は精神障害（以下「障害」と総称する。）があるため、長期にわたり日常生活又は社会生活に相当な制限を受ける者をいう。

（基本的理念）

第三条①　すべて障害者は、個人の尊厳が重んぜられ、その尊厳にふさわしい処遇を保障される権利を有するものとする。

②　すべて障害者は、社会を構成する一員として社会、経済、文化その他あらゆる分野の活動に参加する機会を与えられるものとする。

（国及び地方公共団体の責務）

第四条　国及び地方公共団体は、障害者の福祉を増進し、及び障害を予防する責務を有する。

（国民の責務）

第五条　国民は、社会連帯の理念に基づき、障害者の福祉の増進に協力するよう努めなければならない。

（自立への努力）

第六条①　障害者は、その有する能力を活用することにより、進んで社会経済活動に参加するよう努めなければならない。

②　障害者の家庭にあつては、障害者の自立の促進に努めなければならない。

（障害者の日）

第六条の二①　国民の間に広く障害者の福祉についての関心と理解を深めるとともに、障害者が社会、経済、文化その他あらゆる分野の活動に積極的に参加する意欲を高めるため、障害者の日を設ける。

②　障害者の日は、十二月九日とする。

③　国及び地方公共団体は、障害者の日の趣旨にふさわしい事業を実施するよう努めなければならない。

（施策の基本方針）

第七条　障害者の福祉に関する施策は、障害者の年齢並びに障害の種別及び程度に応じて、かつ、有機的連携の下に総合的に、策定され、及び実施されなければならない。

（障害者基本計画等）

第七条の二①　政府は、障害者の福祉に関する施策及び障害の予防に関する施策の総合的かつ計画的な推進を図るため、障害者のための施策に関する基本的な計画（以下「障害者基本計画」という。）を策定しなければならない。

②　都道府県は、障害者基本計画を基本とするとともに、当該都道府県における障害者の状況等を踏まえ、当該都道府県における障害者のための施策に関する基本的な計画（以下「都道府県障害者計画」という。）を策定するよう努めなければならない。

③　市町村は、障害者基本計画（都道府県障害者計画が策定されているときは、障害者基本計画及び都道府県障害者計画）を基本とするとともに、地方自治法（昭和二十二年法律第六十七号）第二条第五項の基本構想に即し、かつ、当該市町村における障害者の状況等を踏まえ、当該市町村における障害者のための施策に関する基本的な計画（以下「市町村障害者計画」という。）を策定するよう努めなければならない。

④　内閣総理大臣は、関係行政機関の長に協議するとともに、中央障害者施策推進協議会の意見を聴いて、障害者基本計画の案を作成し、閣議の決定を求めなければならない。

⑤　都道府県は、都道府県障害者計画を策定するに当たつては、地方障害者施策推進協議会の意見を聴かなければならない。地方障害者施策推進協議会を設置している市町村が市町村障害者計画を策定する場合においても、同様とする。

⑥　政府は、障害者基本計画を策定したときは、これを国会に報告するとともに、その要旨を公表しなければならない。

⑦　都道府県又は市町村は、都道府県障害者計画又

は市町村障害者計画を策定したときは、その要旨を公表しなければならない。

⑧　第四項及び第六項の規定は障害者基本計画の変更について、第五項及び前項の規定は都道府県障害者計画又は市町村障害者計画の変更について準用する。

（法制上の措置等）

第八条　政府は、この法律の目的を達成するため、必要な法制上及び財政上の措置を講じなければならない。

（年次報告）

第九条　政府は、毎年、国会に、障害者のために講じた施策の概況に関する報告書を提出しなければならない。

第二章　障害者の福祉に関する基本的施策

（医療）

第十条①　国及び地方公共団体は、障害者が生活機能を回復し、又は取得するために必要な医療の給付を行うよう必要な施策を講じなければならない。

②　国及び地方公共団体は、前項に規定する医療の研究及び開発を促進しなければならない。

（施設への入所、在宅障害者への支援等）

第十条の二①　国及び地方公共団体は、障害者がその年齢並びに障害の種別及び程度に応じ、施設への入所又はその利用により、適切な保護、医療、生活指導その他の指導、機能回復訓練その他の訓練又は授産を受けられるよう必要な施策を講じなければならない。

②　国及び地方公共団体は、障害者の家庭を訪問する等の方法により必要な指導若しくは訓練が行われ、又は日常生活を営むのに必要な便宜が供与されるよう必要な施策を講じなければならない。

③　国及び地方公共団体は、障害者の障害を補うために必要な補装具その他の福祉用具の給付を行うよう必要な施策を講じなければならない。

④　国及び地方公共団体は、前三項に規定する指導、訓練及び福祉用具の研究及び開発を促進しなければならない。

（重度障害者の保護等）

第十一条　国及び地方公共団体は、重度の障害があり、自立することの著しく困難な障害者について、終生にわたり必要な保護等を行うよう努めなければならない。

（教育）

第十二条①　国及び地方公共団体は、障害者がその年齢、能力並びに障害の種別及び程度に応じ、充分な教育が受けられるようにするため、教育の内容及び方法の改善及び充実を図る等必要な施策を講じなければならない。

②　国及び地方公共団体は、障害者の教育に関する調査研究及び環境の整備を促進しなければならない。

第十三条　削除

（職業指導等）

第十四条　国及び地方公共団体は、障害者がその能力に応じて適当な職業に従事することができるようにするため、その障害の種別、程度等に配慮した職業指導、職業訓練及び職業紹介の実施その他必要な施策を講じなければならない。

②　国及び地方公共団体は、障害者に適した職種及び職域に関する調査研究を促進しなければならない。

（雇用の促進等）

第十五条①　国及び地方公共団体は、障害者の雇用を促進するため、障害者に適した職種又は職域について障害者の優先雇用の施策を講じなければならない。

②　事業主は、社会連帯の理念に基づき、障害者の雇用に関し、その有する能力を正当に評価し、適当な雇用の場を与えるとともに適正な雇用管理を行うことによりその雇用の安定を図るよう努めなければならない。

③　国及び地方公共団体は、障害者を雇用する事業主に対して、障害者の雇用のための経済的負担を軽減し、もってその雇用の促進及び継続を図るため、障害者が雇用されるのに伴い必要となる施設又は設備の整備等に要する費用の助成その他必要な施策を講じなければならない。

（判定及び相談）

第十六条　国及び地方公共団体は、障害者に関する各種の判定及び相談業務が総合的に行われ、かつ、その制度が広く利用されるよう必要な施策を講じなければならない。

（措置後の指導助言等）

第十七条　国及び地方公共団体は、障害者が障害者の福祉に関する施策に基づく各種の措置を受けた後日常生活又は社会生活を円滑に営むことができるよう指導助言をする等必要な施策を講じなければならない。

（施設の整備）

第十八条① 国及び地方公共団体は、第十条第二項、第十条の二第一項及び第四項、第十二条並びに第十四条の規定による施策を実施するために必要な施設を整備するよう必要な措置を講じなければならない。

② 前項の施設の整備に当たつては、同項の各規定による施策が有機的かつ総合的に行なわれるよう必要な配慮がなされなければならない。

（専門的技術職員等の確保）

第十九条① 前条第一項の施設には、必要な員数の専門的技術職員、教職員その他の専門的知識又は技能を有する職員が配置されなければならない。

② 国及び地方公共団体は、前項に規定する者その他障害者の福祉に関する業務に従事する者及び第十条の二第三項に規定する福祉用具に関する専門的技術者の養成及び訓練に努めなければならない。

（年金等）

第二十条 国及び地方公共団体は、障害者の生活の安定に資するため、年金、手当等の制度に関し必要な施策を講じなければならない。

（資金の貸付け等）

第二十一条 国及び地方公共団体は、障害者に対し、事業の開始、就職、これらのために必要な知識技能の修得等を援助するため、必要な資金の貸付け、手当の支給その他必要な施策を講じなければならない。

（住宅の確保）

第二十二条 国及び地方公共団体は、障害者の生活の安定を図るため、障害者のための住宅を確保し、及び障害者の日常生活に適するような住宅の整備を促進するよう必要な施策を講じなければならない。

（公共的施設の利用）

第二十二条の二① 国及び地方公共団体は、自ら設置する官公庁施設、交通施設その他の公共的施設を障害者が円滑に利用できるようにするため、当該公共的施設の構造、設備の整備等について配慮しなければならない。

② 交通施設その他の公共的施設を設置する事業者は、社会連帯の理念に基づき、当該公共的施設の構造、設備の整備等について障害者の利用の便宜を図るよう努めなければならない。

③ 国及び地方公共団体は、事業者が設置する交通施設その他の公共的施設の構造、設備の整備等について障害者の利用の便宜を図るための適切な配慮が行われるよう必要な施策を講じなければならない。

（情報の利用等）

第二十二条の三① 国及び地方公共団体は、障害者が円滑に情報を利用し、及びその意思を表示できるようにするため、電気通信及び放送の役務の利用に関する障害者の利便の増進、障害者に対して情報を提供する施設の整備等が図られるよう必要な施策を講じなければならない。

② 電気通信及び放送の役務の提供を行う事業者は、社会連帯の理念に基づき、当該役務の提供に当たつては、障害者の利用の便宜を図るよう努めなければならない。

（経済的負担の軽減）

第二十三条 国及び地方公共団体は、障害者及び障害者を扶養する者の経済的負担の軽減を図り、又は障害者の自立の促進を図るため、税制上の措置、公共的施設の利用料等の減免その他必要な施策を講じなければならない。

（施策に対する配慮）

第二十四条 障害者の福祉に関する施策の策定及び実施に当たつては、障害者の父母その他障害者の養護に当たる者がその死後における障害者の生活について懸念することのないよう特に配慮がなされなければならない。

（文化的諸条件の整備等）

第二十五条 国及び地方公共団体は、障害者の文化的意欲を満たし、若しくは障害者に文化的意欲を起こさせ、又は障害者が自主的かつ積極的にレクリエーションの活動をし、若しくはスポーツを行うことができるようにするため、施設、設備その他の諸条件の整備、文化、スポーツ等に関する活動の助成その他必要な施策を講じなければならない。

（国民の理解）

第二十六条 国及び地方公共団体は、国民が障害者について正しい理解を深めるよう必要な施策を講じなければならない。

第三章　障害の予防に関する基本的施策

第二十六条の二① 国及び地方公共団体は、障害の原因及び予防に関する調査研究を促進しなければならない。

② 国及び地方公共団体は、障害の予防のため、必要な知識の普及、母子保健等の保健対策の強化、障害の原因となる傷病の早期発見及び早期治療の推進その他必要な施策を講じなければならない。

第四章　障害者施策推進協議会

（中央障害者施策推進協議会）

第二十七条① 厚生省に、中央障害者施策推進協議会（以下「中央協議会」という。）を置く。

② 中央協議会は、次に掲げる事務をつかさどる。

一　障害者基本計画に関し、第七条の二第四項に規定する事項を処理すること。

二　障害者に関する基本的かつ総合的な施策の樹立について必要な事項を調査審議すること。

三　障害者に関する施策の推進について必要な関係行政機関相互の連絡調整を要するものに関する基本的事項を調査審議すること。

③ 中央協議会は、前項に規定する事項に関し、内閣総理大臣、厚生大臣又は関係各大臣に意見を述べることができる。

第二十八条① 中央協議会は、委員二十人以内で組織する。

② 中央協議会の委員は、関係行政機関の職員、学識経験のある者、障害者及び障害者の福祉に関する事業に従事する者のうちから、厚生大臣の申出により、内閣総理大臣が任命する。

③ 中央協議会に、専門の事項を調査審議させるため、専門委員を置くことができる。

④ 中央協議会の専門委員は、学識経験のある者、障害者及び障害者の福祉に関する事業に従事する者のうちから、厚生大臣の申出により、内閣総理大臣が任命する。

⑤ 中央協議会の専門委員は、当該専門の事項に関する調査審議が終了したときは、解任されるものとする。

⑥ 中央協議会の委員及び専門委員は、非常勤とする。

第二十九条 前二条に定めるもののほか、中央協議会に関し必要な事項は、政令で定める。

（地方障害者施策推進協議会）

第三十条① 都道府県（地方自治法第二百五十二条の十九第一項の指定都市（以下「指定都市」という。）を含む。以下同じ。）に、地方障害者施策推進協議会を置く。

② 都道府県に置かれる地方障害者施策推進協議会は、次に掲げる事務をつかさどる。

一　当該都道府県における障害者に関する施策の総合的かつ計画的な推進について必要な事項を調査審議すること。

二　当該都道府県における障害者に関する施策の推進について必要な関係行政機関相互の連絡調整を要する事項を調査審議すること。

③ 都道府県に置かれる地方障害者施策推進協議会の組織及び運営に関し必要な事項は、条例で定める。

④ 市町村（指定都市を除く。）は、当該市町村における障害者に関する施策の総合的かつ計画的な推進について必要な事項及び障害者に関する施策の推進について必要な関係行政機関相互の連絡調整を要する事項を調査審議させるため、条例で定めるところにより、地方障害者施策推進協議会を置くことができる。

附　則（平成五・一二・三法九四）（抄）

（施行期日）

① この法律は、公布の日から施行する。ただし、（中略）第七条の次に一条を加える改正規定、第四章の章名の改正規定、第二十七条の前の見出し並びに同条第一項及び第二項の改正規定、第二十八条第二項及び第四項の改正規定、第三十条の改正規定並びに次項（中略）の規定は、公布の日から起算して六月を超えない範囲内において政令で定める日から施行する。

（経過措置）

② 第七条の次に一条を加える改正規定の施行の際現に策定されている障害者のための施策に関する国の基本的な計画であって、障害者の福祉に関する施策及び障害の予防に関する施策の総合的かつ計画的な推進を図るためのものは、この法律による改正後の障害者基本法の規定により策定された障害者基本計画とみなす。

■身体障害者福祉法（抄）

昭和二十四年十二月二十六日
法律第二八三号

第一章　総則

（法の目的）

第一条　この法律は、身体障害者の自立と社会経済活動への参加を促進するため、身体障害者を援助し、及び必要に応じて保護し、もつて身体障害者の福祉の増進を図ることを目的とする。

（自立への努力及び機会の確保）

第二条①　すべての身体障害者は、自ら進んでその障害を克服し、その有する能力を活用することにより、社会経済活動に参加することができるように努めなければならない。

②　すべての身体障害者は、社会を構成する一員として社会、経済、文化その他あらゆる分野の活動に参加する機会を与えられるものとする。

（国、地方公共団体及び国民の責務）

第三条①　国及び地方公共団体は、前条に規定する理念が具現されるように配慮して、身体障害者の自立と社会経済活動への参加を促進するための援助と必要な保護（以下「更生援護」という。）を総合的に実施するように努めなければならない。

②　国民は、社会連帯の理念に基づき身体障害者がその障害を克服し、社会経済活動に参加しようとする努力に対し、協力するように努めなければならない。

第一節　定義

（身体障害者）

第四条　この法律において、「身体障害者」とは、別表に掲げる身体上の障害がある十八歳以上の者であつて、都道府県知事から身体障害者手帳の交付を受けたものをいう。

（事業）

第四条の二①　この法律において、「身体障害者居宅生活支援事業」とは、身体障害者居宅介護等事業、身体障害者デイサービス事業及び身体障害者短期入所事業をいう。

②　この法律において、「身体障害者居宅介護等事業」とは、第十八条第一項第一号の措置に係る者につきその者の居宅において同号の厚生省令で定める便宜を供与する事業をいう。

③　この法律において、「身体障害者デイサービス事業」とは、第十八条第一項第二号の措置に係る者を同号の厚生省令で定める施設に通わせ、その者につき同号の厚生省令で定める便宜を供与する事業をいう。

④　この法律において、「身体障害者短期入所事業」とは、第十八条第一項第三号の措置に係る者を同号の厚生省令で定める施設に短期間入所させ、その者につき必要な保護を行う事業をいう。

（施設）

第五条①　この法律において、「身体障害者更生援護施設」とは、身体障害者更生施設、身体障害者療護施設、身体障害者福祉ホーム、身体障害者授産施設、身体障害者福祉センター、補装具製作施設及び視聴覚障害者情報提供施設をいう。

②　この法律において、「医療保健施設」とは、厚生省設置法（昭和二十四年法律第百五十一号）に基づく国立病院及び国立療養所、地域保健法（昭和二十二年法律第百一号）に基づく保健所並びに医療法（昭和二十三年法律第二百五号）に規定する病院及び診療所をいう。

第六条―第十一条　略

（身体障害者福祉司）

第十一条の二①　都道府県は、その設置する身体障害者更生相談所に、身体障害者福祉司を置かなければならない。

②　市及び町村は、その設置する福祉事務所に、身体障害者福祉司を置くことができる。

③　都道府県の身体障害者福祉司は、身体障害者更生相談所の長の命を受けて、次に掲げる業務を行うものとする。

一　第十条第一項第一号に掲げる業務のうち、専門的な知識及び技術を必要とするものを行うこと。

二　身体障害者の福祉に関し、第十条第一項第二号ロに掲げる業務を行うこと。

④　市町村の身体障害者福祉司は、当該市町村の福祉事務所の長の命を受けて、身体障害者の福祉に関し、次に掲げる業務を行うものとする。

一　福祉事務所の所員に対し、技術的指導を行うこと。

二　第九条第三項第二号に掲げる業務のうち、専門的な知識及び技術を必要とするものを行うこと。

⑤ 市の身体障害者福祉司は、第九条の二第二項の規定により技術的援助及び助言を求められたときは、これに協力しなければならない。この場合において、特に専門的な知識及び技術が必要であると認めるときは、身体障害者更生相談所に当該技術的援助及び助言を求めるよう助言しなければならない。

第十二条　略

第二章　福祉の措置

第十三条・第十四条　略

（身体障害者手帳）

第十五条①　身体に障害のある者は、都道府県知事の定める医師の診断書を添えて、その居住地（居住地を有しないときは、その現在地）の都道府県知事に身体障害者手帳の交付を申請することができる。但し、本人が十五歳に満たないときは、その保護者（親権を行う者及び後見人をいう。但し、児童福祉法（昭和二十二年法律第百六十四号）第二十七条第一項第三号の規定により里親に委託され、又は児童福祉施設に入所した児童については、当該里親又は児童福祉施設の長とする。以下同じ。）が代つて申請するものとする。

② 前項の規定により都道府県知事が医師を定めるときは、厚生大臣の定めるところに従い、且つ、その指定に当つては、地方社会福祉審議会の意見を聞かなければならない。

③ 第一項に規定する医師が、その身体に障害のある者に診断書を交付するときは、その者の障害が別表に掲げる障害に該当するか否かについて意見書をつけなければならない。

④ 都道府県知事は、第一項の申請に基いて審査し、その障害が別表に掲げるものに該当すると認めたときは、申請者に身体障害者手帳を交付しなければならない。

⑤ 前項に規定する審査の結果、その障害が別表に掲げるものに該当しないと認めたときは、都道府県知事は、理由を附して、その旨を申請者に通知しなければならない。

⑥ 身体障害者手帳の交付を受けた者は、身体障害者手帳を譲渡し又は貸与してはならない。

⑦ 身体に障害のある十五歳未満の者につき、その保護者が身体障害者手帳の交付を受けた場合において、本人が満十五歳に達したとき、又は本人が満十五歳に達する以前にその保護者が保護者でなくなつたときは、身体障害者手帳の交付を受けた保護者は、すみやかにこれを本人又は新たな保護者に引き渡さなければならない。

⑧ 前項の場合において、本人が満十五歳に達する以前に、身体障害者手帳の交付を受けたその保護者が死亡したときは、その者の親族又は同居の縁故者でその身体障害者手帳を所持するものは、すみやかにこれを新たな保護者に引き渡さなければならない。

⑨ 前二項の規定により本人又は新たな保護者が身体障害者手帳の引渡を受けたときは、その身体障害者手帳は、本人又は新たな保護者が交付を受けたものとみなす。

⑩ 前各項に定めるものの外、身体障害者手帳に関し必要な事項は、政令で定める。

⑪ 身体障害者手帳に関して必要な事項を定めようとする場合においては、厚生大臣は、あらかじめその案について審議会の意見を聞かなければならない。

第十六条　略

第十七条　前条第二項の規定による処分に係る行政手続法（平成五年法律第八十八号）第十五条第一項の通知は、聴聞の期日の十日前までにしなければならない。

第十八条・第十八条の二　略

（措置の解除に係る説明等）

第十八条の三　市長村長は、第十八条第一項、第二項若しくは第四項第三号若しくは第四号又は第四十九条の二第一項の措置を解除する場合には、あらかじめ、当該措置に係る者に対し、当該措置の解除の理由について説明するとともに、その意見を聴かなければならない。ただし、当該措置に係る者から当該措置の解除の申出があつた場合その他厚生省令で定める場合においては、この限りでない。

（行政手続法の適用除外）

第十八条の四　第十八条第一項、第二項若しくは第四項第三号若しくは第四号又は第四十九条の二第一項の措置を解除する処分については、行政手続法第三章（第十二条及び第十四条を除く。）の規定は、適用しない。

第十九条—第二十五条　略

第三章　事業及び施設

第二十六条　略

（施設の設置等）

第二十七条① 国は、身体障害者更生援護施設を設置しなければならない。

② 都道府県は、身体障害者更生援護施設を設置することができる。

③ 市町村は、あらかじめ厚生省令で定める事項を都道府県知事に届け出て、身体障害者更生援護施設を設置することができる。

④ 社会福祉法人その他の者は、社会福祉事業法の定めるところにより、身体障害者更生援護施設を設置することができる。

⑤ 身体障害者更生援護施設には、身体障害者の更生援護の事務に従事する者の養成施設（以下「養成施設」という。）を附置することができる。ただし、市町村がこれを附置する場合には、あらかじめ、厚生省令で定める事項を都道府県知事に届け出なければならない。

⑥ 前各項に定めるもののほか、身体障害者更生援護施設の設置、廃止又は休止に関し必要な事項は、法令で定める。

第二十八条・第二十八条の二 略

（身体障害者更生施設）

第二十九条 身体障害者更生施設は、身体障害者を入所させて、その更生に必要な治療又は指導を行い、及びその更生に必要な訓練を行う施設とする。

（身体障害者療護施設）

第三十条 身体障害者療護施設は、身体障害者であつて常時の介護を必要とするものを入所させて、治療及び養護を行う施設とする。

（身体障害者福祉ホーム）

第三十条の二 身体障害者福祉ホームは、低額な料金で、身体上の障害のため家庭において日常生活を営むのに支障のある身体障害者に対し、その日常生活に適するような居室その他の設備を利用させるとともに、日常生活に必要な便宜を供与する施設とする。

（身体障害者授産施設）

第三十一条 身体障害者授産施設は、身体障害者で雇用されることの困難なもの又は生活に困窮するもの等を入所させて、必要な訓練を行い、かつ、職業を与え、自活させる施設とする。

（身体障害者福祉センター）

第三十一条の二条 身体障害者福祉センターは、無料又は低額な料金で、身体障害者に関する各種の相談に応じ、身体障害者に対し、機能訓練、教養の向上、社会との交流の促進及びレクリエーションのための便宜を総合的に供与する施設とする。

（補装具製作施設）

第三十二条 補装具製作施設は、無料又は低額な料金で、補装具の製作又は修理を行う施設とする。

（視聴覚障害者情報提供施設）

第三十三条 視聴覚障害者情報提供施設は、無料又は低額な料金で、点字刊行物、聴覚障害者用の録画物その他各種情報を記録した物であつて専ら視聴覚障害者が利用するものを製作し、又これらを視聴覚障害者の利用に供する施設とする。

第三十四条 削除

第三十五条以下 略

（身体障害者福祉法施行規則別表第5号）

不自由			心臓、じん臓若しくは呼吸器又はぼうこう若しくは直腸若しくは小腸の機能の障害				
体幹	乳幼児期以前の非進行性の脳病変による運動機能障害		心臓機能障害	じん臓機能障害	呼吸器機能障害	ぼうこう又は直腸の機能障害	小腸機能障害
	上肢機能	移動機能					
体幹の機能障害により坐っていることができないもの	不随意運動・失調等により上肢を使用する日常生活動作がほとんど不可能なもの	不随意運動・失調等により歩行が不可能なもの	心臓の機能の障害により自己の身辺の日常生活活動が極度に制限されるもの	じん臓の機能の障害により自己の身辺の日常生活活動が極度に制限されるもの	呼吸器の機能の障害により自己の身辺の日常生活活動が極度に制限されるもの	ぼうこう又は直腸の機能の障害により自己の身辺の日常生活活動が極度に制限されるもの	小腸の機能の障害により自己の身辺の日常生活活動が極度に制限されるもの
1　体幹の機能障害により坐位又は起立位を保つことが困難なもの 2　体幹の機能障害により立ち上ることが困難なもの	不随意運動・失調等により上肢を使用する日常生活動作が極度に制限されるもの	不随意運動・失調等により歩行が極度に制限されるもの					
体幹の機能障害により歩行が困難なもの	不随意運動・失調等により上肢を使用する日常生活動作が著しく制限されるもの	不随意運動・失調等により歩行が家庭内での日常生活活動に制限されるもの	心臓の機能の障害により家庭内での日常生活活動が著しく制限されるもの	じん臓の機能の障害により家庭内での日常生活活動が著しく制限されるもの	呼吸器の機能の障害により家庭内での日常生活活動が著しく制限されるもの	ぼうこう又は直腸の機能の障害により家庭内での日常生活活動が著しく制限されるもの	小腸の機能の障害により家庭内での日常生活活動が著しく制限されるもの

身体障害者障害程度等級表

級別	視覚障害	聴覚又は平衡機能の障害		音声機能、言語機能又はそしゃく機能の障害	肢体	
		聴覚障害	平衡機能障害		上肢	下肢
1級	両眼の視力（万国式試視力表によって測ったものをいい、屈折異常のある者については、きょう正視力について測ったものをいう。以下同じ。）の和が0.01以下のもの				1　両上肢の機能を全廃したもの 2　両上肢を手関節以上で欠くもの	1　両下肢の機能を全廃したもの 2　両下肢を大腿の2分の1以上で欠くもの
2級	1　両眼の視力の和が0.02以上0.04以下のもの 2　両眼の視野がそれぞれ10度以内でかつ両眼による視野について視能率による損失率が95パーセント以上のもの	両耳の聴力レベルがそれぞれ 100デシベル以上のもの（両耳全ろう）			1　両上肢の機能の著しい障害 2　両上肢のすべての指を欠くもの 3　一上肢を上腕の2分の1以上で欠くもの 4　一上肢の機能を全廃したもの	1　両下肢の機能の著しい障害 2　両下肢を下腿の2分の1以上で欠くもの
3級	1　両眼の視力の和が0.05以上0.08以下のもの 2　両眼の視野がそれぞれ10度以内でかつ両眼による視野について視能率による損失率が90パーセント以上のもの	両耳の聴力レベルが90デシベル以上のもの（耳介に接しなければ大声語を理解し得ないもの）	平衡機能の極めて著しい障害	音声機能、言語機能又はそしゃく機能の喪失	1　両上肢のおや指及びひとさし指を欠くもの 2　両上肢のおや指及びひとさし指の機能を全廃したもの 3　一上肢の機能の著しい障害 4　一上肢のすべての指を欠くもの 5　一上肢のすべての指の機能を全廃したもの	1　両下肢をショパー関節以上で欠くもの 2　一下肢を大腿の2分の1以上で欠くもの 3　一下肢の機能を全廃したもの

不自由			心臓、じん臓若しくは呼吸器又はぼうこう若しくは直腸若しくは小腸の機能の障害				
体幹	乳幼児期以前の非進行性の脳病変による運動機能障害		心臓機能障害	じん臓機能障害	呼吸器機能障害	ぼうこう又は直腸の機能障害	小腸機能障害
	上肢機能	移動機能					
	不随意運動・失調等による上肢の機能障害により社会での日常生活活動が著しく制限されるもの	不随意運動・失調により社会での日常生活活動著がしく制限されるもの	心臓の機能の障害により社会での日常生活活動が著しく制限されるもの	じん臓の機能の障害により社会での日常生活活動が著しく制限されるもの	呼吸器の機能の障害により社会での日常生活活動が著しく制限されるもの	ぼうこう又は直腸の機能の障害により社会での日常生活活動が著しく制限されるもの	小腸の機能の障害により社会での日常生活活動が著しく制限されるもの
体幹の機能の著しい障害	不随意運動・失調等による上肢の機能障害により社会での日常生活活動に支障のあるもの	不随意運動・失調により社会での日常生活活動に支障のあるもの					

級別	視覚障害	聴覚又は平衡機能の障害		音声機能、言語機能又はそしゃく機能の障害	肢体	
		聴覚障害	平衡機能障害		上肢	下肢
4級	1　両眼の視力の和が0.09以上0.12以下のもの 2　両眼の視野がそれぞれ10度以内のもの	1　両耳の聴力レベルが80デシベル以上のもの（耳介に接しなければ話声語を理解し得ないもの） 2　両耳による普通話声の最良の語音明瞭度が50パーセント以下のもの		音声機能、言語機能又はそしゃく機能の著しい障害	1　両上肢のおや指を欠くもの 2　両上肢のおや指の機能を全廃したもの 3　一上肢の肩関節、肘関節又は手関節のうち、いずれか一関節の機能を全廃したもの 4　一上肢のおや指及びひとさし指を欠くもの 5　一上肢のおや指及びひとさし指の機能を全廃したもの 6　おや指又はひとさし指を含めて一上肢の三指を欠くもの 7　おや指又はひとさし指を含めて一上肢の三指の機能を全廃したもの 8　おや指又はひとさし指を含めて一上肢の四指の機能の著しい障害	1　両下肢のすべての指を欠くもの 2　両下肢のすべての指の機能を全廃したもの 3　一下肢を下腿の2分の1以上で欠くもの 4　一下肢の機能の著しい障害 5　一下肢の股関節又は膝関節の機能を全廃したもの 6　一下肢が健側に比して10センチメートル以上又は健側の長さの10分の1以上短いもの
5級	1　両眼の視力の和が0.13以上0.2以下のもの 2　両眼による視野の2分の1以上が欠けているもの		平衡機能の著しい障害		1　両上肢のおや指の機能の著しい障害 2　一上肢の肩関節、肘関節又は手関節のうち、いずれか一関節の機能の著しい障害 3　一上肢のおや指を欠くもの 4　一上肢のおや指の機能を全廃したもの 5　一上肢のおや指及びひとさし指の機能の著しい障害 6　おや指又はひとさし指を含めて一上肢の三指の機能の著しい障害	1　一下肢の股関節又は膝関節の機能の著しい障害 2　一下肢の足関節の機能を全廃したもの 3　一下肢が健側に比して5センチメートル以上又は健側の長さの15分の1以上短いもの

不　自　由			心臓、じん臓若しくは呼吸器又はぼうこう若しくは直腸若しくは小腸の機能の障害				
体　幹	乳幼児期以前の非進行性の脳病変による運動機能障害		心臓機能障害	じん臓機能障害	呼吸器機能障害	ぼうこう又は直腸の機能障害	小腸機能障害
	上肢機能	移動機能					
	不随意運動・失調等により上肢の機能の劣るもの	不随意運動・失調等により移動機能の劣るもの					
	上肢に不随意運動・失調等を有するもの	下肢に不随意運動・失調等を有するもの					

障害が特に本表中に指定せられているものは、該当等級とする。

級より上位の等級とすることができる。
欠くものをいう。
ものとする。
さより計測したもの)をもって計測したものをいう。

級別	視覚障害	聴覚又は平衡機能の障害		音声機能、言語機能又はそしゃく機能の障害	肢体	
		聴覚障害	平衡機能障害		上肢	下肢
6級	一眼の視力が0.02以下、他眼の視力が0.6以下のもので、両眼の視力の和が0.2を超えるもの	1 両耳の聴力レベルが70デシベル以上のもの（40センチメートル以上の距離で発声された会話語を理解し得ないもの） 2 一側耳の聴力レベルが90デシベル以上、他側耳の聴力レベルが50デシベル以上のもの			1 一上肢のおや指の機能の著しい障害 2 ひとさし指を含めて一上肢の二指を欠くもの 3 ひとさし指を含めて一上肢の二指の機能を全廃したもの	1 一下肢をリスフラン関節以上で欠くもの 2 一下肢の足関節の機能の著しい障害
7級					1 一上肢の機能の軽度の障害 2 一上肢の肩関節、肘関節又は手関節のうち、いずれか一関節の機能の軽度の障害 3 一上肢の手指の機能の軽度の障害 4 ひとさし指を含めて一上肢の二指の機能の著しい障害 5 一上肢のなか指、くすり指及び小指を欠くもの 6 一上肢のなか指、くすり指及び小指の機能を全廃したもの	1 両下肢のすべての指の機能の著しい障害 2 一下肢の機能の軽度の障害 3 一下肢の股関節、膝関節又は足関節のうち、いずれか一関節の機能の軽度の障害 4 一下肢のすべての指をかくもの 5 一下肢のすべての指の機能を全廃したもの 6 一下肢が健側に比して3センチメートル以上又は健側の長さの20分の1以上短いもの
備考	1 同一の等級について二つの重複する障害がある場合は、一級うえの級とする。ただし二つの重複する 2 肢体不自由においては、7級に該当する障害が2以上ある場合は、6級とする。 3 異なる等級について二つ以上の重複する障害がある場合については、障害の程度を勘案して当該等 4 「指を欠くもの」とは、おや指については指骨間関節、その他の指については第一指骨間関節以上を 5 「指の機能障害」とは、中手指節関節以下の障害をいい、おや指については、対抗運動障害をも含む 6 上肢又は下肢欠損の断端の長さは、実用上(上腕においては腋窩より、大腿においては坐骨結節の高 7 下肢の長さは、前腸骨棘より内くるぶし下端までを計測したものをいう。					

障害の疾患別にみた身体障害者数

（単位：千人、％）

	総数	肢体不自由								聴覚・言語障害		視覚障害		
		脳性マヒ	脊髄性小児マヒ	脊髄損傷Ⅰ	脊髄損傷Ⅱ	進行性筋萎縮症	脳血管障害	骨関節疾患	リウマチ性疾患	中耳性疾患	内耳性疾患	角膜疾患	水晶体疾患	網脈絡膜・視神経疾患
平成３年	2,722 (100%)	67 (2.5)	43 (1.6)	34 (1.2)	29 (1.1)	12 (0.4)	325 (11.9)	214 (7.9)	96 (3.5)	73 (2.7)	89 (3.3)	46 (1.7)	55 (2.0)	105 (3.9)
昭和62年	2,413 (100%)	65 (2.7)	53 (2.2)	76 (3.2)		13 (0.5)	354 (14.7)	232 (9.6)	93 (3.8)	97 (4.0)	103 (4.3)	63 (2.6)	63 (2.6)	112 (4.6)
増加率	112.8	103.1	81.1	82.9		92.3	91.8	92.2	103.2	75.3	86.4	73.0	87.3	93.8

	内部障害						その他	不明	不詳
	じん臓疾患	心臓疾患	呼吸器疾患	ぼうこう疾患	大腸疾患	小腸疾患			
平成３年	95 (3.5)	195 (7.2)	68 (2.5)	16 (0.6)	25 (0.9)	1 (0.0)	521 (19.1)	103 (3.8)	512 (18.8)
昭和62年	74 (3.1)	136 (5.6)	65 (2.7)	14 (0.6)	20 (0.8)	1 (0.0)	656 (27.2)	125 (5.2)	— (—)
増加率	128.4	143.4	104.6	114.3	125.0	100.0	79.4	82.4	皆増

（注）1　表中の脊髄損傷Ⅰは「対マヒ」を、脊髄損傷Ⅱは「四肢マヒ」をいう。
　　　2　（ ）内は構成比

資料：厚生省「身体障害者実態調査」

障害の種類別にみた身体障害者手帳の所有状況

（単位：千人、％）

［身体障害者］	総数	手帳有	手帳無	不詳
総数	2,722 (100.0)	2,461 (90.4)	197 (7.3)	63 (2.3)
視覚障害	353 (100.0)	320 (90.6)	24 (6.9)	9 (2.4)
聴覚・言語障害	358 (100.0)	317 (88.5)	31 (8.7)	10 (2.8)
肢体不自由	1,553 (100.0)	1,401 (90.2)	118 (7.6)	34 (2.2)
内部障害	458 (100.0)	424 (92.5)	23 (5.1)	11 (2.4)

資料：厚生省「身体障害者実態調査」（平成３年）

障害の種類別・障害の程度別にみた身体障害者数

（単位：千人、%）

		総数	1級	2級	3級	4級	5級	6級	不詳
平成3年		2,772 (100%)	638 (23.4)	454 (16.7)	448 (16.5)	506 (18.6)	288 (10.6)	238 (8.7)	150 (5.5)
昭和62年		2,413 (100%)	475 (19.7)	448 (18.6)	408 (16.9)	458 (19.0)	326 (13.5)	236 (9.8)	62 (2.6)
増加率		112.8	134.3	101.3	109.8	110.5	88.3	100.8	241.9
平成3年	視覚障害	353 (100%)	127 (36.0)	76 (21.5)	32 (9.1)	29 (8.2)	29 (8.2)	39 (11.0)	21 (5.9)
	聴覚・言語障害	358 (100%)	21 (5.9)	85 (23.7)	66 (18.4)	62 (17.3)	2 (0.6)	99 (27.7)	24 (6.7)
	肢体不自由	1,553 (100%)	250 (16.1)	290 (18.7)	247 (15.9)	319 (20.5)	257 (16.5)	101 (6.5)	89 (5.7)
	内部障害	458 (100%)	240 (52.4)	3 (0.7)	103 (22.5)	96 (21.0)	— (—)	— (—)	17 (3.7)
	重複障害（再掲）	121 (100%)	62 (51.2)	28 (23.1)	14 (11.6)	10 (8.3)	5 (4.1)	1 (0.8)	1 (0.8)

(注)（ ）内は構成比
資料：厚生省「身体障害者実態調査」

障害の種類別・障害の原因別にみた身体障害者数

（単位：千人、%）

		総数	事故					疾病						不明	不詳
			交通事故	労働災害	その他の事故	戦傷病戦災	小計	感染症	中毒性疾患	その他の疾患	出生時の損傷	その他	小計		
平成3年		2,772 (100%)	115 (4.2)	186 (6.8)	154 (5.7)	69 (2.5)	525 (19.3)	85 (3.1)	9 (0.3)	1,172 (43.1)	97 (3.6)	226 (8.3)	1,588 (58.3)	205 (7.5)	404 (14.8)
昭和62年		2,413 (100%)	121 (5.0)	223 (9.2)	157 (6.5)	92 (3.8)	592 (24.5)	114 (4.7)	9 (0.4)	1,192 (49.4)	93 (3.9)	220 (9.1)	1,627 (67,4)	194 (8,0)	— (—)
増加率		112.8	95.0	83.4	98.1	75.0	88.7	74.6	100.0	98.3	104.3	102.7	97.6	105.7	皆増
平成3年	視覚障害	353 (100%)	4 (1.1)	10 (2.8)	19 (5.4)	8 (2.3)	40 (11.3)	8 (2.3)	— (—)	171 (48.4)	16 (4.5)	34 (9.6)	228 (64.6)	34 (9.6)	51 (14.4)
	聴覚・言語障害	358 (100%)	5 (1.4)	9 (2.5)	9 (2.5)	15 (4.2)	38 (10.6)	4 (1.1)	3 (0.8)	114 (31.8)	21 (5.9)	49 (13.7)	192 (53.6)	65 (18.2)	64 (17.9)
	肢体不自由	1,553 (100%)	104 (6.7)	160 (10.3)	125 (8.0)	45 (2.9)	434 (27.9)	56 (3.6)	5 (0.3)	608 (39.2)	55 (3.5)	105 (6.8)	829 (53.4)	66 (4.3)	223 (14.4)
	内部障害	458 (100%)	2 (0.4)	7 (1.5)	1 (0.2)	1 (0.2)	12 (2.6)	17 (3.7)	0 (0.1)	279 (60.9)	4 (0.9)	38 (8.3)	339 (74.0)	40 (8.7)	67 (14.6)
	重複障害（再掲）	121 (100%)	3 (2.5)	5 (4.1)	4 (3.3)	2 (1.7)	15 (12.4)	4 (3.3)	— (—)	57 (47.1)	4 (3.3)	11 (9.1)	76 (62.8)	7 (5.8)	23 (19.0)

(注)「その他」には先天性障害者等が含まれている。（ ）内は構成比
資料：厚生省「身体障害者実態調査」

著者略歴●もり　すぐる

フリーライター。2002年4月から、大学院生（東洋大学社会学研究科福祉社会システム専攻）。

1966年静岡県清水市出身。大学在学中より送迎ボランティアなどに携わる。また、交通問題にも高い関心をもち、現在交通権学会員。

著書に『リニア―破滅への超特急』（柘植書房新社、共著）、『プロブレムQ＆A　バリアフリー入門』（緑風出版）、『図解　バリア・フリー百科』『図解　交通バリア・フリー百科』（ＴＢＳブリタニカ、共著）、『らくらくバリアフリーの旅　関東周辺』（昭文社、共著）などがある。

プロブレムQ＆A

「障害者」と街で出会ったら　通りすがりの介助術　増補改訂版

2002年8月31日　初版第1刷発行　　定価1800円十税

著　者　もり　すぐる©

発行者　高須次郎

発行所　緑風出版

〒113-0033　東京都文京区本郷2-17-5　ツイン壱岐坂
〔電話〕03-3812-9420〔FAX〕03-3812-7262
〔E-mail〕info@ryokufu.com
〔URL〕http://www.ryokufu/com
〔郵便振替〕00100-9-30776

装　幀　堀内朝彦
写　植　R企画　　印　刷　長野印刷商工・巣鴨美術印刷
製　本　トキワ製本所　　用　紙　大宝紙業　　E2500

ISBN4-8461-0213-0　C0336

●プロブレムQ&Aシリーズ

プロブレムQ&A
バリアフリー入門
[誰もが暮らしやすい街をつくる]
もりすぐる著
A5判変並製
二四四頁
1600円
街づくりや、交通機関、住まいづくりでよく耳にする「バリアフリー」。誰でも年を取れば日常生活に「バリア」を感じることが多くなる。何がバリアなのか、バリアをなくす＝バリアフリーにはどうすればいいのかを易しく解説。

プロブレムQ&A
「日の丸」「君が代」「元号」考
[起源と押しつけの歴史を問う]
佐藤文明著
A5判変並製
二〇四頁
1800円
「日の丸」「君が代」を「国旗」「国歌」と定めた「国旗・国歌法」によって教育の場で強制が強まっている。本書は「日の丸」「君が代」「元号」の起源とこれらが引き起こした論争を紹介、その変革の可能性を問う「目から鱗」のQ&A!

プロブレムQ&A
在日「外国人」読本［増補版］
[ボーダーレス社会の基礎知識]
佐藤文明著
A5判変並製
一八三頁
1700円
そもそも「日本人」って、どんな人を指すのだろう？ 難民・出稼ぎ外国人・外国人登録・帰化・国際結婚から少数民族・北方諸島問題など、ボーダーレス化する日本社会の中のトラブルを総点検。在日「外国人」の人権を考える。

プロブレムQ&A
個人情報を守るために
[瀕死のプライバシーを救い、監視社会を終わらせよう]
佐藤文明著
A5判変並製
二五六頁
1900円
I・T時代といわれ、簡単に情報を入手できる現在、プライバシーを護るにはどうしたらよいか？ 本書は人権に関する現状や法律を踏まえ、自分を護るための方法や、個人情報保護法案の問題点などをわかりやすく解説する。

プロブレムQ&A
どう超えるのか？ 部落差別
[人権と部落観の再発見]
小松克己・塩見鮮一郎著
A5判変並製
二四〇頁
1800円
部落差別はなぜ起こるのか？ 本書は被差別民の登場と部落の成立を歴史に追い、近代日本の形成にその原因を探る。また現代社会での差別を考察しつつ、人間にとって差別とは何であるのかに迫り、どう超えるかを考える。

▨全国のどの書店でもご購入いただけます。
▨店頭にない場合は、なるべく書店を通じてご注文ください。
▨表示価格には消費税が転嫁されます。

プロブレムQ&A
これなら勝てる市民運動
［いかに悪徳行政と闘い開発を止めるか］
岩田　薫著
A5判変並製
二四〇頁
1900円

国や自治体などによる無駄な公共事業、役人の不正腐敗などの横暴を止めさせるには、市民が立ち上がるしかない。本書は、豊富な市民運動の経験者で元地方議員であった著者が、運動の立ち上げ方から必勝法を完全ガイド。

プロブレムQ&A
仲間と始める「会社」プラン
［ワーカーズ・コレクティブ入門］
宇津木朋子著
A5判変並製
二〇〇頁
1800円

同じこころざしの仲間と一緒に事業資金を出し合い、自分たち自身が労働者として働き、かつ経営者として責任を持つ、新しい時代の新しい働き方「ワーカーズ、コレクティブ」。その起業から運営のノウハウ全てを伝授する。

プロブレムQ&A
55歳からの生き方教室
［高齢者時代をのりきる40問40答］
マインド21著
A5判変並製
二二四頁
1800円

「もっと働きたい」「悠々自適の生活をしたい」「健康が不安」などと老後への思いはさまざま。でもそのための準備はしていますか？　健康や生きがい、死の問題から年金・保険・財産管理まで、気になるテーマを総ざらえ。

プロブレムQ&A
「たばこ病」読本
［禁煙・分煙のすすめ］
渡辺文学著
A5判変並製
一八六頁
1500円

現在海外の多くの国で、たばこ会社は「公害企業」「犯罪企業」と位置づけられ、「現代の死の商人」と呼ばれ厳しく社会的責任を追及されている。本書は、世界の趨勢に20年以上も遅れているという日本のたばこ事情の問題点を解説する。

プロブレムQ&A
あなたの「町内会」総点検
［地域のトラブル対処法］
佐藤文明著
A5判変並製
二一二頁
1800円

事実上の強制加入、そして自治組織といいながらも行政の末端機関のような自治会・町内会に不満や疑問は多いはず。役員選び・ゴミ当番・募金・回覧板・国勢調査など地域の〝常識〟を総点検！　自主的な町づくりを応援。

プロブレムQ&A
戸籍って何だ
［差別をつくりだすもの］
佐藤文明著
A5判変並製
二六四頁
1900円

日本独自の戸籍制度だが、その内実はあまり知られていない。戸籍研究家と知られる著者が、個人情報との関連や差別問題、外国人登録問題等、幅広く戸籍の問題をとらえ返し、その生い立ちから問題点までやさしく解説。